REVOLUCIONE SEU NEGÓCIO 2

Copywriting: A Habilidade Milionária

RENATO NABINGER

SUMÁRIO

INTRODUÇÃO

Em primeiro lugar, quero parabenizá-lo pela decisão de adquirir o livro e te dar as boas-vindas. Espero que ele seja um divisor de águas na sua vida, pois ele trata de uma das habilidades mais importantes que alguém pode ter para gerar riqueza, a capacidade de vender suas ideias e produtos.

Uma habilidade determinante para o sucesso de qualquer campanha de marketing bem sucedida, seja ela digital ou física. Quando aplicada em todo seu potencial, consegue romper o ruído, atropelar a concorrência e transformar até as pessoas mais céticas em consumidores e fãs do seu negócio.

Em meu livro anterior - Revolucione seu negócio - falei muito sobre marketing, vendas, branding, tráfego pago e orgânico, mas preferi deixar esse assunto de lado e me dedicar a ele com a devida atenção e profundidade que merece.

Mas chega de mistério, vamos ao que interessa. Do que se trata essa habilidade e porque ela é tão cobiçada no mundo dos negócios?

Copywriting ou apenas "copy" como é conhecido no meio do marketing, é o processo - ou arte - de criar textos persuasivos para ações de Marketing e Vendas. Esse texto pode estar em um email, anúncio ou em uma carta de vendas, por exemplo. O profissional responsável por esse trabalho é conhecido como Copywriter.

Neste livro, vou compartilhar com você o que aprendi nos últimos 20 anos criando textos de para minha agência, a Xequemate®[1] e para meus clientes. Um conhecimento poderoso que, se aplicado em seu negócio, vai trazer resultados quase que imediatamente.

Parafraseando o lendário copywriter, Gary Halbert:

"Saber escrever copy é de longe a melhor habilidade para ganhar dinheiro que se pode ter. Se você a dominar, nunca mais terá que se preocupar com dinheiro."

Embora, é claro, minha equipe e outros fatores tenham contribuído para o sucesso da minha carreira, tenho certeza de que não estaria onde estou hoje, se não tivesse aprendido a escrever copy. Essa habilidade definitivamente foi o diferencial para o meu sucesso.

Antes de começarmos a falar sobre a arte secreta e centenária do copywriting, saiba que ela pouco tem a ver com a escrita tradicional.

É obvio que escrever corretamente é uma habilidade desejável para qualquer pessoa que queira se comunicar através da palavra escrita, mas copywriting não se trata disso.

Você aprendeu as regras gramaticais e como escrever na escola, o que vai aprender agora é **como utilizar as palavras para convencer pessoas**.

Se tem nível superior, já teve a sua cota de textos acadêmicos. Eles são direcionados a leitores que dominam um nível de escrita mais rebuscado e tem cunho científico, de natureza imparcial. Esse formato de escrita, serve para apresentar um estudo para uma comunidade científica, mas não visa convencer pessoas a comprar.

As estatísticas [2] mostram que 47% dos habitantes dos Estados Unidos, não conseguem ler acima do nível do ensino fundamental. Aqui ainda estamos mais atrasados! Segundo o INAF 2019[3], 29% dos brasileiros são considerados analfabetos funcionais e esse número tem aumentado nos últimos anos.

Como nosso objetivo é vender e não criar obras literárias dignas da Academia Brasileira de Letras, o ideal é escrever da maneira que as pessoas falam. Se não formos entendidos, não conseguiremos convencer ninguém, não é mesmo?

O primeiro passo de uma boa copy é sermos entendidos com facilidade. O segundo passo é saber persuadir. Um copywriter deve ser hábil na arte da persuasão. Tem que ser um

---

1 https://xequemate.com.br/
2 https://readable.com/blog/what-is-the-average-persons-reading-level/
3 https://novaescola.org.br/conteudo/15927/o-brasil-esta-mesmo-alfabetizado

ótimo vendedor. Para isso ele tem que ser um bom conhecedor da natureza humana. Grandes copywriters entendem os desejos, motivações e medos que movem as pessoas.

Quero que chegue ao final deste livro sabendo como criar uma copy eficaz que inspire e mova o seu lead na direção dos objetivos que determinou, seja clicar num link, baixar um relatório ou realizar uma compra.

Antes de começarmos... Se tiver alguma dúvida, sugestão ou simplesmente quiser dar um oi, envie um email para mim em livro@revolucioneseunegocio.com.br terei o maior prazer em te responder.

Uma boa leitura!

1. O QUE É COPYWRITING

Tentar definir o que a palavra significa e entender como ela pode atrair mais clientes e fazer mais vendas pode ser um conceito bastante abstrato. Mas descomplicando ao máximo...

Copywriting é escrita persuasiva.

É muito diferente de apenas uma "escrita" normal. Em vez de simplesmente fornecer informações ao leitor, ela deve persuadi-lo a pensar de uma determinada maneira, sentir algo e agir.

Vou te dar um exemplo de texto informativo e logo abaixo o de uma copy:

"Neste sábado, 14 de julho, das 8h às 14h, haverá um workshop 'como criar um site'. Você aprenderá como configurar uma conta WordPress e criar um site do início ao fim."

"Se você deseja atrair mais clientes com um site atraente, então não marque nada no sábado, 14 de julho e se inscreva agora em meu workshop totalmente gratuito 'Como criar um site de alta conversão para o seu negócio'. Mesmo sem saber programar uma única linha de código, vou te ensinar ao vivo, como criar um site do início ao fim até o final da aula."

Entendeu a diferença?

O primeiro exemplo simplesmente "informa" sobre o evento. O segundo foi escrito para atrair um público interessado em criar um site para a empresa.

Em vez de apenas informar, o trabalho da copy - como copywriting é mais conhecido no meio - é persuadir a pessoa certa a comparecer ao evento.

"A escrita informa e a copy persuade."

É importante deixar claro que a copy não é uma preferência pessoal na forma de escrever. Ela é concebida através da utilização de técnicas de forma deliberada e consciente. E por falar em regras, agora vamos falar das mais importantes e fundamentais:

Os 3 fundamentos do copywriting

- Fale de um **assunto específico.**
- Para um **público específico.**
- Tenha um **objetivo específico (e idealmente mensurável).**

Você pode ter ouvido falar sobre benefícios, títulos, chamadas a ação, prova social e outros termos de copy, mas independente dos elementos utilizados, todas as copies persuasivas possuem essas três características em comum.

1. Fale de um assunto específico

Cada parte da copy, será focada na promoção de apenas um assunto. Pode ser um produto ou um negócio, ou até mesmo uma ideia, ou argumento. Não é o mesmo que escrever um diário, onde seus pensamentos podem vagar por muitos assuntos diferentes sem realmente destacar nenhum.

Quando escrevemos uma copy, temos que ter um foco claro do assunto que estamos cobrindo, que pode ser:

- Um novo produto ou serviço.
- Um evento.
- Uma única informação.

Quando nos concentramos em um assunto ou tópico específico, escrevemos uma copy mais forte e focada, e isso nos leva à razão muito importante por trás da regra número 2.

2. Se dirija a um público específico

O objetivo da copy não é promover um assunto para qualquer pessoa. Quanto mais focarmos a mensagem em um público menor e mais específico, mais eficaz será nossa mensagem.

Por exemplo, digamos que esteja escrevendo um e-mail para promover um curso sobre como postar em redes sociais.

Postar em redes sociais é um assunto muito amplo e, sem um público específico, teríamos dificuldade de escrever um texto atraente.

O seu público é para pessoas que querem iniciar no Instagram? Ou para experts que deveriam estar conquistando seguidores, mas não sabem por que isso é importante? É para pessoas com conhecimento avançado ou iniciantes? É para quem quer divulgar uma empresa, um produto ou um serviço?

A menos que você defina seu público, em vez de atrair a todos, não vai atrair ninguém.

Os usuários avançados podem entender que o curso é básico demais para eles, enquanto os iniciantes podem acreditar que seja muito avançado, então se escrevermos:

"O curso Como postar no Instagram começa neste sábado."

Fica muito vago, pois ninguém sabe se é voltado para eles. No entanto, se definirmos um público, por exemplo, Instagram para negócios, nossa copy fica mais interessante.

Com uma imagem mais clara de quem está tentando alcançar, devemos nos perguntar:

- O que eu sei sobre meu cliente?
- Qual é o seu interesse?
- O que ele quer do produto?
- E a partir daí podemos incorporar tudo isso em nossa copy.

Se estivéssemos focando em pequenos empresários, o que poderíamos falar sobre eles?

- Querem atrair mais clientes.
- Não tem conhecimento técnico.

- Possuem um orçamento pequeno para marketing.

- Provavelmente não tem muito tempo disponível, considerando todas as outras coisas que tem que lidar diariamente em seus negócios.

Um conhecimento mais superficial já nos permite criar uma copy muito mais interessante. Por exemplo:

"Aprenda a criar posts irresistíveis que vão atrair mais clientes, mesmo sem experiência, com pouca ou nenhuma verba de marketing, investindo apenas 25 minutos do seu dia."

Veja como incluímos os elementos de interesse do cliente?

Finalmente, a regra mais importante de todas:

3. Tenha um objetivo específico (e idealmente mensurável)

Nos exemplos acima, nosso objetivo era que as pessoas participassem de nosso curso de Instagram. No entanto, pode ser que o objetivo da copy seja:

- Fazer com que interessados te liguem.
- Levar o cliente a comprar o produto.
- Convencer seu lead a se inscrever em uma newsletter ou a compartilhar um post seu.

O objetivo é o propósito de escrever uma copy em primeiro lugar. Se não há nada que queira que seu leitor faça, não há sentido em criar uma.

Já ouviu falar do termo: "call to action", chamada a ação ou CTA?

É uma técnica utilizada para encorajar o receptor da mensagem a realizar uma ação específica.

Por exemplo, se o seu objetivo é vender, sua ação pode ser preencher um formulário de pedido, solicitar um teste gratuito ou ligar para um número para falar com um representante de vendas.

Se quiser aumentar a sua audiência, então sua CTA poderia ser "compartilhe esse conteúdo se você acha que ele pode ajudar alguém" ou "inscreva-se para receber nossos conteúdos inéditos antes de todo mundo" ou simplesmente "siga-me nas redes sociais".

Agora, a cereja do bolo da último fundamento: **sua meta deve ser idealmente mensurável**.

Sempre que possível, atrele a sua copy a um indicador de resultado. No marketing digital você dispõe de uma série deles: número de likes do post, número de acessos a uma página, quantidade de pessoas que se cadastraram, clicaram no link, compraram, etc.

Não vou me estender no assunto, mas saber a taxa de conversão das suas copies é o feedback necessário para aprimorar sua copy e transformar investimento em lucro.

Então, por onde começar? Como criar algo que atraia mantenha o leitor engajado e o leve até a venda? O segredo de um bom lead é definir uma crença principal. **Uma ideia única que vai ser a espinha dorsal de toda a sua copy**.

A regra do um

A regra de um resume os princípios fundamentais de copywriting que cobrimos anteriormente e dita que qualquer copy deve se concentrar em: **uma grande ideia, um leitor, uma promessa e um apelo à ação**.

1. Uma grande ideia

Ela é o núcleo central da sua mensagem. É a base em que toda a sua copy deve ser construída e sem a qual ela desmorona e se torna genérica. É também uma das coisas mais difíceis de acertar ao escrever uma copy.

Victor Schwab, um dos maiores copywriters de todos os tempos, compilou as 100 principais manchetes de sua época. Todas elas giravam em torno de com uma única ideia.

Chamamos isso de "Regra do um" (Rule of One), e além de manter a atenção da sua audiência, também facilitará a criação de textos mais persuasivos.

Ao sentar-se para escrever, comece a pesquisar sua grande ideia criando uma lista com todos os principais benefícios que a sua oferta oferece. Em seguida, escolha aquele que ofereça o melhor argumento que poderia levar o cliente a realizar a compra.

A verdade é que os muitos motivos pelos quais as pessoas desejam a sua oferta giram em torno de um motivo principal que comanda a decisão de compra. Você deve se concentrar nele.

Não fazer isso simplesmente diminuirá o poder da sua mensagem, distrairá seu leitor e diminuirá suas chances de conversão.

2. Um leitor

Uma boa copy é uma conversa direta. Deve ser geral o suficiente para atrair o maior número de pessoas que se qualificam como cliente em potencial, mas específica o suficiente para excluir todas as outras pessoas.

Iremos falar sobre a importância de escrever para uma única pessoa no próximo capítulo e em como não cair na armadilha de tentar vender para todo mundo.

Você vai entender como criar uma persona e com isso, aumentar suas chances de ser ouvido.

Nunca se esqueça que: **ao tentar falar com todos, não nos conectamos com ninguém.**

3. Uma história cativante

Iremos falar sobre como criar histórias cativantes no capítulo bônus sobre storytelling ao final do livro, uma boa história é a cola que mantém a atenção do lead até o final da sua copy. Encapsular sua oferta em uma história, é a melhor forma de conseguir a venda.

4. Uma grande promessa

Deve haver uma promessa ousada a oferecer ao seu lead para ele ser compelido a fazer negócios com você. E essa promessa deve estar intimamente ligada ao resultado que seu público procura.

Sua oferta deve entregar o resultado que seu público está ávido em alcançar.

5. Uma chamada a ação

Sua copy deve possuir apenas uma CTA. Quando pedimos que o lead execute mais de uma ação, como pedir que comprem o seu produto e assinem sua lista de e-mail na mesma mensagem, diminuimos muito a sua taxa de conversão.

Escolha uma CTA e, em seguida, repita-a quantas vezes julgar necessário ao longo da sua copy.

O caminho para a riqueza do homem preguiçoso

Vamos ilustrar a Regra do Um, com uma das copies mais bem elaboradas de todos os tempos. *The Lazy Man's Way to Riches* como ficou conhecido originalmente, foi escrito em 1976 e veiculou durante anos em todos os principais jornais e tornou seu autor Joe Karbo um homem muito famoso e rico.

Sem mais delongas, a copy mais estudada do marketing direto:

O caminho para a riqueza do homem preguiçoso

"A maioria das pessoas está muito ocupada ganhando a vida para fazerem qualquer dinheiro"

Eu costumava trabalhar duro, 18 horas por dia, 7 dias por semana. Mas eu não comecei a ganhar muito dinheiro até que trabalhasse menos — muito menos. Por exemplo, este anúncio levou cerca de 2 horas para ser escrito. Com um pouco de sorte, ele irá render pra mim 50, talvez, 100 mil dólares.

E mais, eu vou pedir para você me enviar 10 dólares por algo que não irá me custar mais que 50 centavos. E vou tentar tornar isso tão irresistível que você se sentirá um grande tolo se não fizer.

Além disso, porque você se preocuparia se eu tenho $9,50 de lucro se eu posso te mostrar como lucrar muito mais que isso?

E se eu tiver tanta certeza que você vai fazer dinheiro com o método do Homem preguiçoso que eu vou de dar uma garantia muito incomum.

Aqui está ela: eu não vou sequer descontar seu cheque ou ordem de pagamento por 31 dias após o recebimento do seu material.

Isso vai te dar tempo suficiente para examiná-lo e experimentá-lo.

Se você não concordar que vale pelo menos 100 vezes o que você investiu, devolva. O seu cheque ou dinheiro será devolvido.

A única razão pelo qual eu não envio para você e depois o cobro ou envio a cobrar é porque ambos os métodos envolvem mais tempo e dinheiro.

E eu estou prestes a oferecer a você a maior barganha da sua vida. Porque eu vou lhe dizer algo que demorei 11 anos para chegar à perfeição: como ganhar dinheiro ao jeito do preguiçoso.

O.K. — Agora eu tenho que fazer um certo alarde. Eu não me importo. E é necessário provar que me enviando 10 dólares (que eu não irei usar até você estar satisfeito) será a coisa mais inteligente que você já fez até hoje.

Eu moro numa casa que vale $250.000, eu sei que custa isso porque eu recusei uma oferta pela minha casa nesse valor. Meu "escritório" fica a cerca de 2,5 km da minha casa, é bem na praia. Minha vista é tão incrível que a maioria das pessoas comenta que não sabem como eu consigo finalizar algum trabalho ali. Mas eu faço o suficiente. Mais ou menos 6 horas por dia, 8 ou 9 meses por ano.

O resto do tempo eu gasto na nossa cabana nas montanhas que eu comprei por $30.000 em dinheiro. Eu tenho 2 barcos e um Cadillac. Todos comprados com o meu dinheiro.

Nós temos imóveis alugados, ações, investimentos e dinheiro na conta. Mas a coisa mais importante que eu tenho não tem preço: tempo com a família.

Eu vou lhe mostrar exatamente como eu fiz — o jeito preguiçoso –, um segredo que eu compartilhei apenas com alguns amigos até hoje.

Isto não requer "escolaridade". Eu tenho apenas o ensino médio.

Isto não requer "capital". Quando comecei, eu estava tão endividado que um amigo advogado me disse que decretar falência [nos EUA, os cidadãos podem pedir falência] era a única opção que eu tinha. Ele estava errado. Nós pagamos nossas dívidas e a hipoteca e desde então não devemos mais nenhum centavo para ninguém.

Isto não requer "sorte". Eu tive mais do que qualquer um, portanto eu não estou prometendo que você terá tanto dinheiro quanto eu. E você pode fazer melhor. Eu pessoalmente conheço um homem que usou estes princípios, trabalhou duro e fez 11 milhões de dólares em 8 anos. Mas dinheiro não é tudo.

Isto não requer "talento", apenas cabeça o suficiente para saber o que procurar e eu irei lhe dizer o quê.

Isto não requer "jovialidade", uma ex-colega de trabalho com mais de 70 anos viajou o mundo todo ganhando dinheiro fazendo só o que eu lhe ensinei.

Isto não requer "experiência", uma viúva em Chicago ganha uma média de $25.000 por ano nos últimos 5 anos utilizando meus métodos.

O que isto requer? Crença. O suficiente para tentar. O suficiente para absorver o que eu lhe enviarei. O suficiente para colocar os princípios em ação. Se você fizer apenas isto — nada mais, nada menos — os resultados serão difíceis de acreditar. Lembre-se, eu garanto.

Você não tem que sair do seu emprego. Mas você o fará em breve, já que o dinheiro que você vai ganhar, te permitirá isso. E mais uma vez, eu garanto.

O homem mais sábio que eu já conheci me falou algo que eu jamais esqueci: "a maioria das pessoas está muito ocupada ganhando a vida para fazer algum dinheiro."

Não demore o tempo que eu demorei para descobrir que ele estava certo.

Eu vou provar para você, basta me enviar este cupom. Eu não estou pedindo pra você "acreditar" em mim. Apenas tente. Se eu estiver errado, tudo que você irá perder são alguns minutos e um selo de carta. Mas e se eu estiver certo?

O que você achou? Agora vamos analisar cada um dos seus elementos:

1. Uma grande ideia: Não há ideias conflitantes - há apenas uma ideia em toda a copy: "Este método pode ajudar qualquer pessoa a ficar rico."

2. Um leitor: A carta é dirigida para alguém que possui um trabalho, uma família e quer alcançar a independência financeira.

3. Uma história cativante: A história aqui é ótima. Ele explica como estava endividado e vivendo uma vida bastante modesta, mas assim que descobriu esse método, sua vida mudou drasticamente. Hoje ele possui dois barcos, um Cadillac, dois condomínios à beira-mar, etc.

4. Uma grande promessa: É claro aqui que ele está se concentrando exclusivamente na ideia de ficar rico. Ele não está falando sobre largar seu trabalho diário, ter mais tempo para ficar com sua família, etc.

5. Uma chamada a ação: há apenas um CTA direto aqui, e ele até ameniza o negócio dizendo aos clientes em potencial que não descontará o cheque por 31 dias. Se não gostarem do método, podem devolvê-lo e ele devolverá o cheque.

Este anúncio é um ótimo exemplo de como a Regra de Um pode ser poderosa. Dito isso, para usá-lo com sucesso, você precisa ter uma ótima ideia que não só seja fácil de entender, mas também fácil de acreditar e de aceitar.

Não diria que o "Caminho do Homem Preguiçoso para a Riqueza" seja "fácil de acreditar". O copywriter espera que, em seu enorme desejo de ser rico, você esteja disposto a arriscar, mesmo que seja cético.

Independente disso, é um ótimo exemplo de tudo o mais sobre o qual estamos falando, e é por isso que eu queria usá-lo.

Assim que tiver sua grande ideia, ofereça evidências que a suportem. Existem boas maneiras de fazer isso - histórias, previsões, promessas, depoimentos, etc.

Não esqueça de manter sempre o foco em sua grande ideia. Por exemplo, os depoimentos em O Caminho do Homem Preguiçoso para a Riqueza dizem coisas como "Tudo o que posso fazer para chegar ao banco com um carrinho de mão!" e "Ganhei $16.901,92 na primeira vez!"

Em nenhum lugar ele fala sobre as alegrias do trabalho autônomo ou de deixar seu trabalho diurno, ou de ter mais tempo agora que está ganhando dinheiro. Há uma mensagem simples: você pode ganhar muito dinheiro fazendo isso, e os depoimentos confirmam isso.

2. CRIE UMA PERSONA E ESCREVA PARA ELA

Muitas marcas dedicam horas para produzir conteúdo que acreditam que seu público achará útil. Mas aqui está o problema. As empresas que produzem conteúdo com base em suposições ou palpites, costumam obter resultados medíocres.

Para que sua copy tenha resultados extraordinários, é necessário construir uma narrativa para personagens totalmente desenvolvidos que assumam o papel principal na história da sua marca.

Uma persona de comprador é um perfil baseado em uma pesquisa que retrata um cliente alvo. Elas descrevem os são seus clientes ideais, como são seus dias, os desafios que enfrentam e como tomam decisões. Também é comum identificar as metas, esperanças, medos, desafios e objeções quando se cria uma persona.

Normalmente, não há apenas uma persona também. A maioria das firmas de marketing profissional criará uma persona de cliente principal para a marca, seguida de personas secundárias.

Como elaborar uma persona de comprador

O primeiro passo é fazer uma pesquisa para levantar tudo que sabe sobre seus clientes ideais. A persona pode ser baseada na média dos seus principais clientes. Você também pode usar as estatísticas de visitas das suas redes sociais para pintar um quadro mais preciso que represente a sua persona com mais fidelidade.

Estude o mundo a sua volta para ter insights sobre o seu cliente dos sonhos. Fazer as perguntas certas o ajudará a construir um arquétipo detalhado.

Abaixo segue uma lista de perguntas que vai ajudá-lo a obter as respostas de que precisa para desenvolver arquétipos de compradores específicos que deseja alcançar com a sua copy.

Embora os dados demográficos sejam importantes, é fundamental ir além da idade, sexo e localização, etc. A criação de uma persona deve cobrir aspectos que poderiam ser atribuídas a uma pessoa real, como o nome, dados demográficos, objetivos, hobbies, interesses, desafios, medos e objeções.

Não se esqueça de criar uma persona diferente para cada um dos seus principais grupos de clientes em potencial.

- **Demografia**: Quantos anos têm? Com que gênero se identifica? Onde vive?
- **Família**: Com quem vive? Têm filhos? Têm responsabilidades extras de cuidado? Têm animais de estimação?
- **Trabalho / estudo**: Trabalha ou é estudante?
- **Finanças e orçamento**: Como gastam seu dinheiro? Está preocupado com o orçamento? Esbanja ou gasta com parcimônia?
- **Valores**: O que valoriza em uma marca? Como o propósito da sua marca se alinha a esses valores?
- **Estilo de vida aspiracional**: O que o faz acordarem de manhã? Qual a sua luta? Onde quer estar nos próximos cinco anos?
- **Tomada de decisão**: seu comprador ideal é lógico e metódico ou espontâneo e impulsivo? É detalhista? Ou vive com medo de perder oportunidades e prefere conteúdo que apele aos seus impulsos de comprar agora? A forma como as pessoas tomam decisões de compra é muito sutil e individual, mas mesmo não conhecendo cada um dos clientes, é sempre útil encontrar pontos em comum entre eles.
- **Consumo de conteúdo**: Onde consome seu conteúdo? Em que fontes de conteúdo confia? Quais jornais lê? Onde busca inspiração - há revistas ou blogs específicos sobre estilo de vida que ele lê?
- **Hobbies e interesses**: O que faz no tempo livre?
- **Objetivos e pontos de pressão**: Que tipo de problemas esta tentando resolver? O que o mantém acordado à noite? Quais são suas prioridades?

- **Comportamento online**: Quais redes sociais acessa? O que compra online?

- **Comunicação**: Que tipo de comunicação prefere? Quais canais serão mais fáceis de alcançá-lo?

- **Experiência do cliente**: Quando foi a última vez que tive uma ótima experiência como cliente? O que a fez memorável? Quando foi a última vez que teve uma experiência ruim. Por que ficou desapontado?

- **Afinidade de marca e produto**: Qual são as suas marcas favoritas? Por quê?

Personas negativas - que perfil de cliente você deseja repelir?

A internet está repleta de artigos sobre personas de consumidor, mas o que a maioria dos especialistas esquece de mencionar é que, tão bom como atrair os melhores clientes é saber repelir pessoas que não se enquadram bem para a sua oferta.

Ao ter uma visão clara de quem você definitivamente não quer como cliente, fica fácil incluir isso em sua copy.

Quando somos específicos a respeito dos clientes que não queremos, ganhamos tempo e eliminamos estresse e frustrações para ambos os lados.

Por exemplo: na minha empresa não gostamos de atender a pessoas centralizadoras que tem uma visão muito detalhista e peculiar sobre o que é marketing.

Esse perfil quase sempre atrapalham todo o nosso processo. Os jobs ficam num eterno vai e vem e incontáveis horas são desperdiçadas em retrabalho, tudo isso para gerar na maioria das vezes um resultado péssimo.

Ao repelir quem não queremos como cliente, garantimos uma melhor qualidade de atendimento e mais lucro para o seu negócio.

Ajuste o tom da sua copy para cada uma de suas personas

Já falei sobre como uma persona do cliente é útil ao tentar decidir qual mensagem deseja transmitir.

Mas outra razão pela qual as personas são úteis é porque podem ajudá-lo a acertar o tom de sua copy. O tom é muito importante na copywriting. Por exemplo, não faria sentido usar o mesmo estilo de linguagem e referências usadas em um público adolescente, para um anúncio voltado para pessoas de meia-idade.

Após criar suas personas, escreva a copy usando a linguagem que eles usariam e faça referência à cultura com a qual estejam familiarizados. Isso vai ajudá-lo a escrever textos mais eficazes.

No próximo capítulo, darei alguns truques para criar uma copy usando Neuromarketing e Programação Neurolinguística.

3. OS ELEMENTOS DE UMA COPY QUE VENDE

Eu sei que você está louco para aprender as técnicas "jedi" de convencimento para impulsionar as suas vendas. Mas antes de chegarmos lá, é necessário dominar o básico.

Prometo que vai ser rápido e com uma boa base, você vai ser um copywriter muito mais eficiente. Neste capítulo falaremos sobre os fundamentos e logo em seguida iremos para prática, onde apresentaremos estruturas para aplicar nos principais cenários em que uma copy deve ser criada.

Sem mais delongas...

O título

Ele é sem dúvida a parte mais importante de qualquer copy. Se o título não funcionar, todo seu trabalho perde o propósito.

David Ogilvy, uma dos maiores ícones da propaganda de todos os tempos, escreveu:

"Em média, cinco vezes mais pessoas leem o título do que o resto da copy. Após escrever o título, você gastou oitenta centavos de seu dólar."

Essa frase reforça a importância fundamental de um bom título.

Mas como criar um título vencedor que interrompa o que seu lead está fazendo para ler a sua copy? Criar um título envolvente é uma arte, mas isso não impede que criemos uma estrutura que facilite o processo criativo.

Vamos dar uma olhada algumas técnicas que podemos utilizar para criar títulos persuasivos.

1. Use "Mesmo se..."

Não sabe por onde começar? Inicie com "Mesmo que..." para ir direto para a objeção jugular.

Exemplo: "A melhor forma de vender seu serviço na internet... **mesmo se** você não tiver seguidores."

A "objeção jugular" é a objeção principal que você tem que lidar vender a sua oferta. Aquela que, se não for abordada, perderá boa parte dos seus leads.

O primeiro passo deve ser identificar e esmagar essa objeção. Vá para a "jugular" e terá uma grande probabilidade de conquistar até mesmo seu crítico feroz.

Ao iniciar com "mesmo se", estamos afastando essa objeção comum de nosso leitor.

Termos como "superioridade ilusória", "efeito acima da média", "viés de superioridade", definem a mesma coisa - a maioria das pessoas acredita serem melhores (ou inquestionavelmente diferentes) do que a média.

Essa percepção também nos ajuda a parar de supor sobre as necessidades das pessoas para nossa oferta.

Se todos pensam serem especiais e únicos, sua reação inicial a qualquer um de nossos argumentos é "Pode funcionar para eles, mas não vai funcionar para mim." Entender isso nos ajudará a criar melhores argumentos.

Um objetivo sutil que devemos ter em mente é que tudo o que escrevemos deve, de alguma forma, manter nosso leitor engajado e descendo a página.

"O importante é abordar as objeções de uma pessoa antes mesmo de ela ter chance de pensar nelas. Dessa forma seu cliente em potencial sente que você pode ler a mente dele - e que seu produto pode realmente resolver seus problemas. " - Benyamin Elias - Dir. Marketing de conteúdo na Active Campaign.

Concentre-se em onde o resultado levará o leitor. Responda às perguntas "Eu sei o que você provavelmente está pensando…" que o leitor possa ter.

Construa credibilidade com fatos, números e citações de fontes confiáveis.

Mantenha-o interessante... encontre maneiras de deixá-lo mais:

Chocante: apresente algo que seja inesperado.

Revelador: compartilhe algo que a maioria das pessoas manteria em segredo.

Controverso: sacuda um pouco seu público alco apresentando uma crença popular como errada.

2. Identificar audiência + gancho + benefício

[Se você é diabético] + [essa informação é a mais importante que você vai ler] + [ela vai salvar a sua vida]

Queremos identificar nosso seu público alvo o mais cedo possível, idealmente no título. Isso vai aumentar nossas taxas de conversão.

Por exemplo: "**Se você é diabético**, essa informação é a mais importante que você vai ler, ela vai salvar a sua vida."

Nas primeiras 4 palavras o lead já tem o suficiente para saber se essa informação é para ele ou não.

O gancho é o que vai chamar a atenção da audiência e fazê-los parar o que estão fazendo para ouvir o que tem a dizer.

"**Essa informação é a mais importante que você vai ler**" é um gancho muito forte, porque desperta tanto a curiosidade como o gatilho mental conhecido como FoMO, que significa "Fear of Missing Out" ou, em português, "medo de estar perdendo algo".

Por fim, o benefício. Quanto maior for o benefício, mais eficaz será o seu título. No título acima, "**salvar a sua vida**" é um dos argumentos mais contundentes que alguém teria a oferecer, concorda?

2. Resultado que você quer + espaço de tempo + enfrentar objeções

[Como fazer tacos incríveis] + [em 10 minutos] + [por menos de 5 reais]

[Crie um site] + [ainda hoje] + [sem experiência]

[Aumente os clientes do seu restaurante] + [este mês] + [sem pagar por publicidade]

3. "Faça isso" + "espaço de tempo específico" + "resultado"

[Agende sua consulta grátis] + [de 30 minutos] + [E vou te ajudar triplicar o retorno dos seus anúncios]

[Faça esses exercícios] + [todos os dias por 15 minutos] + [e fique pronto para o verão]

[Derrame uma tampa em cima] + [Esfregue por 1 minuto] + [e dê adeus até a mancha mais difícil de sair]

4. Templates de títulos

São práticos para criarmos títulos rápidos, bastando para isso simplesmente colocar nosso produto/serviço no campo. Você também pode usar eles como aquecimento para pensar em títulos legais.

Dê o que eles desejam:

- 10 dicas para economizar tempo / dinheiro para _______
- O segredo para obter o melhor preço para seu ________
- Como Encontrar as Melhores ______ Ofertas na Web
- Principais gadgets para ______
- ______ vale o dinheiro?
- Tudo o que você precisa saber sobre como ficar mais barato ______
- As 10 principais dicas para um ambiente sem complicações ______
- Melhor _____ por menos de [preço]

- Incomum, mas alcançável ____
- 5 maneiras de impulsionar seu ____ sem gastar mais ______
- Maneiras de ____ em um orçamento
- 5 maneiras de ______ e lucrar!
- 21 Idéias de ______ Audaciosas e Criativas
- Quem mais quer ____?
- Agora você pode ____ de graça!
- Como obter ______ na metade do tempo
- 10 estrelas e seus ____
- ______ Estilos de vida dos ricos e famosos
- Como olhar e agir ________
- Agora você pode obter mais e melhor ____ com menos esforço
- ______ como uma estrela de cinema
- 9 maneiras que você pode ____ melhor do que você merece
- Como ____ em 10 segundos
- ____ Você pode se orgulhar
- 21 ______ Dicas de conversa
- Encontrando o seu perfeito ________
- Planeje um ______ Perfeito
- O que ____ realmente quero
- 7 sinais de que você é / pode ________
- Baixe /faça download ____ Agora

"Bola de cristal" e de história:

- A história de ________
- Como ______ impactará ______ em [ano]
- ______ Antes e agora
- 40 previsões sobre o futuro de ____
- As regras modernas de ______
- ____ Lições de História

Problemas e medos:

- ______ é uma raça em extinção?

- Como vencer o medo de _____
- 10 ____ Golpes e como evitá-los
- Quão seguro é o seu _____?
- 7 mais assustador ____
- Os 10 fatos mais assustadores de _____
- Escandaloso _____ e como eles podem afetar você
- Livre-se de _____ de uma vez por todas
- Seu _____ poderia ser um _______?
- O que o seu ____ não está lhe dizendo sobre ______
- Cuidado ______ e como identificá-los
- 10 boas maneiras de NÃO ______
- Como _______ com segurança
- Os perigos invisíveis / maiores de _____
- ______ O que fazer e o que não fazer
- 21 maneiras de estragar _____
- 10 razões para não _____
- 7 _____ Sinais de Perigo
- 7 coisas que _____ nunca deve fazer

Fatos, ficção, segredos, verdade e mentiras:

- O que todos devem saber sobre ______
- _____ Teste de personalidade: o que ____ diz sobre você
- _____ Mentiras e como identificá-los
- _____ Fatos e mitos
- A verdadeira verdade sobre ______
- 21 segredos que os _____ os especialistas não querem que você saiba
- 101 Mitos _____ Mais Populares
- 10 ______ fatos que você precisa saber
- O segredo do sucesso _____
- Maneiras pouco conhecidas de _____
- Verdade e mentiras em _____
- Tudo que você precisa saber sobre ______
- 10 mentiras que contamos aos nossos ______

3. Os elementos de uma copy que vende

- 101 coisas para não dizer _______
- Revelado: Por que _____
- Como identificar uma falsificação ______

Dicas:

- Quando é mais inteligente para ____ ou ____?
- Maneiras pouco conhecidas de ________
- 10 razões pelas quais é melhor ______
- Como planejar o máximo _____
- Como _____ gostar de _____
- ____ Tarefas que você mesmo pode fazer
- Aqui está um método que está ajudando _____ a _____
- Esta é uma maneira rápida de ________
- 7 maneiras criativas de ______
- Como ser um _______
- 9 coisas surpreendentes que você pode _____
- _____ Como um especialista em 10 etapas fáceis
- 21 Dicas ____ Especialistas
- 5 razões pelas quais você deve ______

Melhores e piores:

- Os 10 mundos mais baratos / melhores / mais caros _____
- O melhor do mundo _____ que você pode comprar hoje
- O pior mundo de todos _____
- O mais incomum do mundo _____
- Histórias ______ mais engraçadas
- O _______ mais sexy do mundo
- Os 10 melhores e piores _____ do mundo
- Top 19 Mais ____ Amigáveis ____
- 100 Útil ou Bonito ____
- 5 razões _____ é melhor que ______

- Os 10 mais importantes do mundo _______
- 20 principais clipes sobre _____ em filmes e televisão
- 10 ____ Não Queremos Ver ____
- 21 Mais Hilariante _____
- O pior conselho do mundo _____
- 10 razões ____ é o pior _____

O Lead

O Lead em copywriting não tem nenhuma semelhança com o lead de marketing. O segundo se refere ao seu público alvo ou persona, o primeiro diz respeito a primeira parte da sua copy, geralmente 20 ou 30% do total da sua copy. É a segunda parte mais importante da sua copy após o título.

É nessa parte que fisgamos nossa audiência e fazemos com que ela continue lendo ou assistindo até o final. Aqui é a hora de vender a "big idea", a ideia central que queremos inserir na mente da pessoa. É onde vamos obter o primeiro "sim", aquele "uau! Isso me interessa, quero saber mais."

No lead é feito a venda emocional e é nesse ponto que a pessoa vai aderir à sua proposta. Quando o lead cumpre seu papel, o que resta fazer no restante da copy é justificar racionalmente essa venda.

Esse tema e muitos outros assuntos interessantes sobre a criação de leads está na obra

Great Leads[4] , de Michael Masterson e John Forde. Se você quiser se aprofundar mais no assunto, aconselho que o leia.

Ainda no aspecto emocional, um bom copywriter pode dobrar suas conversões ao saber identificar o nível de consciência em que o cliente em potencial se encontra no momento.

---

[4] https://amzn.to/3izrKeC

Os 5 níveis de consciência do prospect

O nível de consciência diz respeito a percepção que o cliente em potencial tem sobre a existência de uma solução para o seu problema e se ele tem ciência da existência do seu produto ou serviço que solucione esse problema.

Os 5 estágios de conscientização do cliente, foram descritos por Eugene Schwartz em seu clássico livro "Breakthrough Advertising"[5]. Nele foram listados, os diferentes estágios em que uma pessoa passa durante a jornada de compra:

1. Não ciente

É o prospect completamente inconsciente em relação ao problema. É difícil vender para ele, já que não percebe que têm um problema. **Nesses casos nosso trabalho é instrui-lo sobre a existência do problema que está diante dele.**

2. Ciente do problema

Este cliente em potencial é alguém que está preocupado - ele sente que tem um problema, mas desconhece a existência de uma solução para ele. **Aqui o ideal é demonstrar que entendemos as suas frustrações e ansiedades.**

3. Ciente da solução

São pessoas que têm um problema, sabem que existe uma solução, mas não conhecem seu produto ou os resultados que podem obter com ele. **Para esse público, é importante divulgar que conhecemos seus desejos e que a nossa oferta os ajudará a resolver seus problemas.**

4. Ciente do produto

O próximo nível de consciência é o conhecimento da sua solução. Essas pessoas ainda não confiam em você - elas sabem que está vendendo algo que desejam, mas não têm certeza se é a escolha certa para elas. Como eles ainda não confiam em você, leem

---

[5] https://amzn.to/2TTQ94v

comentários, pesquisam depoimentos e tentam determinar se seu produto pode fazer o que diz que faz. **Aqui o seu objetivo deve ser tranquilizá-los**.

5. Mais consciente

Essa pessoa sabe o que quer, ela confia em você e, sempre que oferece algo novo, há uma boa chance de que eles comprem. **Para eles é interessante ir direto à sua oferta sem rodeios**.

À medida que os clientes em potencial se tornam menos conscientes, seu trabalho de convencimento fica mais difícil. Para facilitar a implementação desses estágios em sua copy, Gene criou a seguinte regra:

Se o seu cliente potencial já conhece o seu produto e sabe que isso pode ajudá-lo, seu lead deve começar com o produto.

Se o seu cliente potencial não sabe sobre o seu produto, mas tem um desejo, comece com esse desejo.

Finalmente, se o seu cliente potencial não sabe realmente do que precisa, mas apenas tem um problema geral, comece com o problema e faça-o perceber que precisa da sua solução.

Leads diretos e indiretos

Agora que falamos sobre os vários níveis de conscientização do cliente, vamos falar sobre leads diretos e indiretos. Os diretos são explícitos e fazem afirmações reais ou referências ao próprio produto. Por outro lado, os leads indiretos evitam reivindicações diretas e nunca fazem referência ao que estão vendendo.

Deixe-me mostrar alguns exemplos de cada tipo. Aqui estão algumas ofertas diretas:

"E se a minha empresa dobrasse, triplicasse ou até quadruplicasse seu lucro com anúncios?"

"S de saudável, de SADIA"

"Mate sua sede com Coca-cola"

Agora, vamos ver algumas ofertas indiretas:

"Você não vai acreditar no número de bactérias diferentes que encontramos dentro de uma geladeira de uma família de 4 pessoas."

"Descubra porque beber água em jejum todos os dias pode te ajudar a emagrecer"

Como você pode ver, nenhum desses leads indiretos faz referência ao produto que estão vendendo ou mesmo às afirmações que estão fazendo.

Como pode observar, ou o produto é mencionado diretamente na própria oferta - como no caso da Sadia ou da Coca-cola - ou a reivindicação é referenciada, como no exemplo final.

Agora, quanto a que forma de lead usar, vai depender do que o cliente está querendo alcançar. De maneira geral, quanto mais alto alguém está na escala de consciência, mais direto você deve ser. Quanto mais baixos, mais indireto será o seu lead.

Masterson e Forde recomendam que use leads diretos quando:

Quer vender algo simples de entender

Faz uma grande afirmação, mas facilmente comprovada

Sua oferta ou garantia são incríveis

Foi realizada uma melhoria muito esperada para um produto já no mercado ou seus clientes já conhecem e confiam em você

Por outro lado, recomendam leads indiretos quando:

Seu cliente em potencial não o conhece

Seu produto requer explicação

Seu cliente em potencial está cético a seu respeito ou sobre a sua oferta

Seu produto tem uma conexão com algo importante acontecendo nas notícias

Embora os leads indiretos possam gerar títulos muito atraentes, existe o risco dele não se relacionar com o que está tentando vender.

Estilos de lead

Agora vou falar brevemente sobre os principais estilos de lead e a melhor forma de aplicá-los.

1. Lead de oferta

Um lead de oferta chega direto ao negócio, enfatizando a parte mais atraente da oferta. Isso pode significar mencionar um desconto, uma oferta por tempo limitado, uma avaliação gratuita ou uma garantia realmente excelente.

Para mostrar do que estou falando, deixe-me dar alguns exemplos:

"Pizza quente e fresca entregue à sua porta em 30 minutos ou menos - GARANTIDO"

"25% de desconto e frete grátis --- SOMENTE 24 HORAS!"

"Experimente o XYZ agora - teste GRATUITO de 14 dias"

Tenha em mente duas coisas importantes quando usar este lead:

1. Sempre explique o motivo pelo qual está oferecendo tanto, porque é da natureza humana desconfiar de ofertas muito boas para serem verdade.

2. Se houver algum problema, seja honesto desde o início. Muitas vezes o problema é algo que o cliente em potencial pode considerar positivo. Por exemplo, se a oferta é por tempo limitado, eles podem pensar que tiveram sorte e estão fazendo um ótimo negócio.

Quando criar um lead de oferta não se esqueça de:

Ser breve: não precisa ser muito convincente aqui, então, curto e direto ao ponto é o melhor.

Testar: descubra quais ofertas convertem melhor.

Crie uma oferta fácil de aceitar, implementar e entender: se parecer haver muito trabalho envolvido, seus clientes em potencial irão rejeitá-la.

Não ofereça mais do que pode dar: Antes de exibir seu anúncio, tenha certeza de que o que está oferecendo é realista.

Embora quase todo mundo aprecie um bom negócio, produtos de status podem parecer baratos se a oferta não for apresentada em forma de barganha. É difícil imaginar, por exemplo, uma "grande liquidação" de relógios Rolex.

2. Lead de promessa

Nela iniciamos mencionando a nossa maior e melhor promessa. Essa afirmação deve ser grande e ousada, mas também verossímil.

Idealmente, será algo original - se todos os seus concorrentes estiverem fazendo a mesma coisa, sua própria afirmação será menos impressionante. Normalmente, é aqui que encontraremos leads descrevendo como algo é fácil, rápido ou eficaz.

Por exemplo, aqui está um exemplo de um lead de promessa:

"100% livre de rugas em 18 dias... ou seu dinheiro de volta".

Então, como criamos a nossa promessa? Rosser Reeves, o copywriter por trás do slogan "Derrete na sua boca, não nas suas mãos" da M&M, oferece a seguinte fórmula em seu livro, *Reality in Advertising*:

1. Comece com o seu produto, MAS apenas se ele puder fazer o que você proclama.

2. Faça sua promessa original - não use nada que seus concorrentes possam reivindicar.

3. Prometa algo que os clientes em potencial já anseiem. Não crie desejo neles, sua promessa deve estimular um sentimento que já existe.

É importante observar que em leads de promessa é importante apresentar provas para todas as promessas que fizer - por exemplo, com estudos de caso, depoimentos, analogias, etc.

Mesmo que ela seja realmente incrível e funcione, tenha cuidado. O ceticismo está altíssimo atualmente e as pessoas desconfiam de tudo, principalmente quando o que a oferta é boa de mais para ser verdade.

Uma maneira de minimizar essa desconfiança é declarar sua promessa seguida de uma pergunta. Por exemplo, "Você gostaria de estar 100% livre de rugas em 18 dias?" Embora não seja tão impactante quanto uma promessa direta, não é recebido com o mesmo grau de ceticismo de uma manchete como "100% sem rugas em 18 dias".

3. Lead de solução de problemas

Nesse estilo, escolhemos uma dor do nosso cliente em potencial, agitamos suas emoções para mostrar que entendemos como ele se sente e, então, oferecemos uma cura para essa dor.

Ao fazer isso, criamos empatia, estamos mostrando ao prospect que sabemos pelo que ele está passando.

É necessário dedicar a quantidade certa de tempo focando no problema - isso irá depender da sua magnitude. De modo geral, quanto mais simples for a preocupação, menos tempo precisaremos investir.

Com isso em mente, você provavelmente está se perguntando qual é a melhor maneira de falar sobre o problema. Temos algumas opções diferentes aqui:

Se X, então Y: por exemplo, com este primeiro, podemos mencionar uma condição específica em seu lead antes de mencionar a solução, por exemplo, "Se você sentir insônia 3 ou mais vezes por semana, pergunte ao seu médico sobre XYZ."

Outra maneira de escrever este lead é prometer ajuda antes de discutir o problema. Portanto, neste exemplo, também poderíamos escrever algo como "Desfrute de uma noite inteira de sono novamente e diga adeus à insônia crônica".

Identificação: outra abordagem é direcionar seu cliente potencial diretamente. Por exemplo: "Para todos os proprietários de negócios online que desejam vender mais".

Faça uma pergunta: este é bastante autoexplicativo. Aqui está um exemplo: "Seus dentes têm manchas amarelas feias?"

Dê um nome: esta última abordagem funciona melhor quando o problema é complexo. Podemos então criar um nome para ele antes para em seguida explicar o termo.

Por exemplo, o "Plano Infinity" da Tim foi criado para comunicar muito rapidamente aos clientes em potencial que, com este plano, as ligações são ilimitadas.

O lead de solução de problemas pode ser muito eficaz se seu cliente em potencial já souber qual é o problema. Caso contrário, utilize os estilos adiante.

4. O lead secreto

Leads secretos retêm informações do cliente em potencial até que cheguem à oferta. O objetivo aqui é manter a atenção do cliente em potencial até chegar a esse ponto, porque quanto mais tempo ele ficar interessado no assunto, maior será a probabilidade de convencê-lo.

Eles também são conhecidos como "loops abertos" por alguns autores, porque estamos intrigando o cliente em potencial com a promessa de que revelaremos o mistério se ele continuar lendo. Essa revelação se chamada fechamento do loop.

Em alguns casos, podemos não revelar o segredo. No anúncio "O caminho para a riqueza do homem preguiçoso". Embora o copywriter, Joe Karbo, tenha mencionado quanto dinheiro poderia ser ganho, ou como seu método era fácil, nunca revelou o método em sua copy - para saber o segredo, o prospect teria que pagar para descobrir.

Então, como redigir um ótimo lead secreto?

Primeiro, precisamos encontrar um grande segredo. Para fazer isso, pense nos componentes de sua solução que a tornam especial.

Great Leads cita o exemplo de um programa de dividendos de ações - que, na verdade, parece super-seco e chato - que um copywriter descreveu como o "Chaffee Royalty Program" para soar como algo novo e empolgante.

Para usar a estratégia secreta de lead, após escolher um segredo que seja interessante e benéfico para seus clientes em potencial, mencione-o no título. Mas não o revele no início de sua copy. Em vez disso, faça sugestões, forneça pistas, mas não o revele até que seus clientes em potencial estejam devidamente envolvidos com a sua narrativa.

Essa é a beleza da pista secreta - ao deixar pistas ao longo do caminho, mas sem revelar o segredo, o lead mantém os clientes em potencial fisgados até que estejam preparados para comprar.

5. O Lead de Proclamação

No lead de proclamação, iniciamos com uma afirmação. Ela pode ser um fato ou opinião, não importa. O que é importante é que a afirmação seja intrigante ou surpreendente de alguma forma.

Alguns copywriteres gostam de fazer uma previsão, especialmente quando a oferta é do setor ambiental, financeiro, de saúde ou política. Por exemplo, "Uma crise econômica está a caminho", "3 ações prestes a disparar de valor" ou "A taxa de ataque cardíaco dobrará na próxima década".

O objetivo desse estilo é obter um efeito emocional esperado no seu cliente em potencial. Geralmente essa declaração dispara um gatilho emocional logo no título, enquanto o resto da copy é construído para dar validade à declaração.

Alternativamente, pode até ser usado para NÃO dar validade à afirmação. Veja, por exemplo, este anúncio da Krispy Kreme que faz a afirmação no título: "Donuts fazem mal para você". É uma declaração provocativa vinda de um lugar que vende donuts. Nesse caso, a copy argumenta haver uma tonelada de coisas que são "ruins para você", mas qualquer coisa com moderação está bem.

Outro ponto sobre os leads de proclamação é que a copy geralmente é muito interessante de ler, porque tendemos a esquecer que estamos em um anúncio. Normalmente, a copy das vendas parece mais um romance, uma história de jornal ou mesmo um tabloide.

Mas como criar leads de proclamação?

Utilize afirmações ousadas, surpreendentes, específicas e relevantes. Seu objetivo aqui não é apenas chamar a atenção - é importante também despertar emoções.

Após definir o assunto de seu lead, escreva um título que levante alguma promessa. Por exemplo, um anúncio com o título "nova suplemento milagroso cura a artrite", pode ter uma copy que sugere que os pacientes podem parar de sofrer de artrite, se consumirem um suplemento alimentar específico.

Em seguida, a copy pode apresentar depoimentos e citações que apoiam a promessa principal antes de entrar na oferta. Isso permite que o cliente em potencial se imagine experimentando todos os benefícios do "suplemento milagroso" antes de saber onde pode adquirir o mesmo.

6. Lead de história

O último estilo que vamos cobrir é extremamente eficaz, porque é uma ótima maneira de engajar os clientes em potencial.

Contar histórias é uma forma poderosa de comunicação. Isso ocorre porque seus clientes em potencial não estão lendo a história defensivamente, se perguntando quando você vai lançar seu argumento de venda.

A carta de vendas que o Wall Street Journal usou entre 1975-2003 é um belo exemplo de como utilizar histórias em copywriting. Essa carta é conhecida como "A maior carta de vendas de todos os tempos" e vendeu mais de $2 bilhões em assinaturas.

A essência dela é que havia 2 homens com origens semelhantes que eram idênticos em praticamente todos os aspectos, a diferença é que um se tornou muito mais bem-sucedido do que o outro.

Leia a transcrição dela abaixo:

A carta de dois bilhões de dólares

Caro leitor:

Em uma bela tarde de final de primavera, vinte e cinco anos atrás, dois jovens se formaram na mesma faculdade.

Eles eram muito parecidos. Ambos eram alunos acima da média e estavam cheios de sonhos ambiciosos para o futuro.

Recentemente, esses homens voltaram à faculdade para a 25ª reunião.

Eles ainda eram muito parecidos. Ambos casados e felizes. Ambos tiveram três filhos. E ambos, descobriu-se, foram trabalhar para a mesma empresa de manufatura do Meio-Oeste após a formatura e ainda estava lá.

Mas havia uma diferença. Um dos homens era gerente de um pequeno departamento daquela empresa. O outro era o presidente.

O que fez a diferença?

Você assim como eu, deve estar se perguntando o que faz essa diferença na vida deles?

Não é uma inteligência nativa, talento ou dedicação. Não é que uma pessoa queira o sucesso e a outra não.

A diferença está no que cada pessoa sabe e como ela faz uso desse conhecimento.

E é por isso que escrevo para você sobre o *The Wall Street Journal*.

Pois esse é todo o propósito do *The Journal*: dar aos seus leitores conhecimento - conhecimento que eles podem usar em seus negócios.

Uma publicação diferente de qualquer outra.

Veja, o *The Wall Street Journal* é uma publicação única. É o único diário nacional de negócios do país. Cada dia útil, é elaborado pela maior equipe do mundo de especialistas em notícias de negócios.

A cada dia útil, as páginas do *The Journal* incluem uma ampla gama de informações de interesse e significância para pessoas com espírito de negócios, não importa de onde venham.

Não apenas ações e finanças, mas tudo do mundo dos negócios, que muda rapidamente... O *Wall Street Journal* oferece todas as notícias sobre negócios de que você precisa - quando você precisa.

Conhecimento é poder.

No momento, estou olhando a primeira página do The Journal, a primeira página mais lida da América. Ele combina todos as notícias importantes do dia com relatórios e recursos detalhados. Todas as fases das notícias de negócios são cobertas. Artigos sobre inflação, preços de automóveis, incentivos fiscais para as indústrias para grandes desenvolvimentos em Washington e em outros lugares.

E há página após página dentro do *The Journal*, cheia de informações fascinantes e significativas úteis para você. A seção *Marketplace* fornece insights sobre como os consumidores estão pensando e gastando.

As empresas competem por participação de mercado. Há cobertura diária de direito, tecnologia, mídia e marketing. Mais reportagens diárias sobre os desafios da gestão de empresas menores.

O *Journal* também é a melhor fonte de notícias e estatísticas sobre seu dinheiro. Na área de dinheiro e investimentos há gráficos úteis, cotações de mercado fáceis de entender, além de "A par do mercado", "Ouvido no Street" e " Seu dinheiro importa", três das colunas de investimento mais influentes e lidas no país.

Se você nunca leu o *The Wall Street Journal*, não pode imaginar como ele pode ser útil para você.

Uma assinatura para economizar dinheiro.

Ponha nossas declarações à prova assinando pelas próximas 13 semanas por apenas $44. Este está entre os mais curtos termos de assinatura que oferecemos - é uma maneira perfeita de se familiarizar com o *The Journal*.

Ou você pode preferir aproveitar a nossa melhor oferta - um ano por $149. Você economiza mais de $40 no preço de capa do *The Journal*.

Basta preencher o cartão de pedido anexo e enviá-lo no envelope com porte pago fornecido.

E aqui está a garantia do *The Journal*: se o *The Journal* não corresponder às suas expectativas, você pode cancelar este acordo a qualquer momento e receba um reembolso pela parte não entregue de sua assinatura.

Se você acredita que esta é uma proposta justa e razoável, então você vai querer descobrir sem demora se O *Wall Street Journal* pode fazer por você o que está fazendo por milhões de leitores.

Então, por favor, envie o pedido em anexo cartão agora, e começaremos a atendê-lo imediatamente.

Sobre aqueles dois colegas de faculdade que menciono no início desta carta: eles se formaram na faculdade juntos e juntos começaram no mundo dos negócios. Então, o que tornou sua vida deles diferente?

Conhecimento. Conhecimento útil. E sua aplicação.

Um investimento em sucesso

Não posso prometer que o sucesso será imediatamente seu se você começar a ler o *The Wall Street Journal*. Mas eu posso garantir que você achará o *The Journal* sempre interessante, confiável e sempre útil.

Atenciosamente PRK

Editor

P.S. É importante observar que o preço da assinatura do *The Journal* pode ser dedutível de impostos. Pergunte ao seu contador.

E como criamos uma boa história?

De modo geral, temos um protagonista com o qual seu leitor possa se identificar. Também iremos nos ater a apenas uma emoção ou ideia - é tentador quando contamos uma história, escrever mais texto do que o necessário.

Isso não quer dizer que tenhamos que deixar de fora partes importantes, temos que manter a história relevante, mas é importante evitar sair por tangentes que não levam a história adiante.

Finalmente, é uma boa ideia começar sua história no conflito e, em seguida, oferecer uma conclusão que o leitor achará satisfatória. Novamente, isso manterá sua história concisa e também permitirá que o leitor a pegue onde ficar interessante.

A história do Wall Street Journal - que pode ser a história de maior sucesso já contada em publicidade - começa no ponto em que os dois se formaram na faculdade. Em seguida, ele fala brevemente sobre suas personalidades, ambições e desempenho escolar antes de mencionar suas profissões 25 anos depois.

6. A CARTA DE VENDAS

Uma carta de vendas é um dos principais veículos usados em Marketing Digital para vender produtos e serviços online. Você com certeza já se deparou com elas mais de uma vez, ao clicar em algum anúncio na internet e ser redirecionado para uma landing page, que nada mais é do que um site de página única.

Nessa página algumas vezes acompanha um vídeo, mas algumas vezes vem apenas com um longo texto falando sobre uma oferta de produto ou serviço. Esse texto da landing page é o que chamamos de carta de vendas em copywriting.

Uma boa carta de vendas costuma ter as seguintes características:

1. Um lead que chama a atenção e compele: já conversamos muito sobre isso, então não vou entrar em detalhes aqui, mas seu lead é o que vai determinar se alguém lerá sua carta, então é, na verdade, a parte mais importante de sua Carta de Vendas.

2. Uma grande ideia: as melhores cartas de vendas focam em uma ideia ou emoção. Em vez de escrever textos que saem pela tangente, uma boa carta de vendas tem um foco bem definido.

3. Simplicidade: escreva uma copy simples que soe como seus clientes em potencial falam. Você pode ter um vocabulário enorme, mas muitos de seus clientes em potencial não. Portanto, mantenha a simplicidade usando palavras curtas, um tom coloquial e parágrafos curtos.

4. Impulsionada pelas emoções, mas apoiada pela lógica: como discutimos antes, as emoções são o que fazem as pessoas quererem comprar. Em seguida, procuram razões lógicas para apoiar sua compra. Então, uma boa carta de vendas definitivamente vai ter um apelo emocional, mas não termina aí - ela justifica uma compra com estatísticas, depoimentos, anedotas, etc.

5. Como lidar com objeções: não importa o que você esteja vendendo, seus clientes em potencial terão alguma resistência. Grandes cartas de vendas chamam a atenção para essas preocupações e explicam por que não devem ser temidas.

6. Uma forte garantia: uma forte garantia torna a compra menos arriscada para seus clientes em potencial. Por exemplo, em todas as minhas cartas de vendas, sempre ofereço uma garantia sem perguntas de 100% de reembolso por 7 dias. Às vezes, uma boa garantia pode ser suficiente para empurrar os clientes em potencial que estão em cima do muro.

7. Um CTA claro: cartas de vendas bem-sucedidas vão direto ao ponto quando se trata de pedir a venda. Em vez disso, eles oferecem uma diretiva clara como "Compre agora" e a repetem algumas vezes ao longo da carta de vendas.

8. Boa edição: as melhores cartas de vendas são cuidadosamente editadas. Como eu disse antes, pode haver uma tendência de dizer mais do que o necessário para fazer a venda. Embora não existam regras rígidas e rápidas sobre o tamanho que ela deve ter, diga apenas o suficiente para fazer a venda, e exclua tudo o que não te ajudar a fazer isso.

9. Escassez: a escassez é uma tática que incentiva seus clientes em potencial a agirem agora para que não percam. Para usá-lo, grandes cartas de vendas geralmente oferecem algo grátis para as primeiras 50 pessoas se inscreverem ou eles farão um preço especial disponível por um tempo limitado. A urgência obriga as pessoas a parar de pensar em comprar e simplesmente fazer isso já.

10. Uma estrutura bem pensada: sua copy deve ser construída dentro de uma estrutura que maximize conversões. Pense como seu cliente em potencial e elabore uma carta persuasiva que responda às perguntas e objeções à medida que surgirem.

Agora que examinamos as características de ótimas cartas de vendas, vamos falar sobre fórmulas de copy para cartas de vendas. Existem muitas por aí, mas essa eu tirei de um artigo[6] na internet escrito por Perry Belcher, o cofundador da Digital Marketer.

Após ter uma ideia do que funciona e do que não funciona, você provavelmente vai querer ajustá-la um pouco para torná-la mais aplicável às suas necessidades específicas.

Sem mais delongas, as 21 etapas de uma carta de vendas de Perry Belcher:

1. Chame a sua audiência

2. Obtenha a atenção deles com um título contendo uma grande promessa

3. Suporte o título com uma explicação rápida

4. Identifique o problema

5. Forneça a solução

6. Mostre a Dor e o Custo de Desenvolvimento

7. Explique a facilidade de uso

8. Mostrar velocidade de resultados

9. Projete uma visão do futuro

10. Prove que você é o especialista

11. Detalhe os benefícios

12. Mostrar Provas / Testemunhos

13. Faça sua oferta

14. Adicione bônus

15. Acumule o valor ofertado

16. Revele seu preço

17. Injete escassez

---

[6] https://www.earlytorise.com/perry-belcher-sales-copy/

18. Dê uma garantia

19. Chame a ação

20. Dê um aviso

21. Encerre com um lembrete

Agora vamos analisar um por um e falar sobre o que eles significam.

1. Chame a sua audiência.

Queremos que o cliente em potencial pense: "Ei, isso é para mim", quando chegar à sua página de vendas. Portanto, um exemplo disso seria o texto no topo de sua carta de vendas como este:

ATENÇÃO: Homens e mulheres que lutam para perder peso

ou

Para: Todos os proprietários de negócios online que desejam vender mais de seus produtos e serviços

2. Obtenha a atenção deles com um título contendo uma grande promessa

Já discutimos isso antes, mas sempre que escrever um título, faça uma promessa de alto valor agregado para o cliente em potencial. Às vezes, essa promessa é muito direta e outras vezes, está implícita.

Deixe-me mostrar o que quero dizer com alguns exemplos. A grande promessa está em negrito:

"O sistema secreto de geração de lucros que, praticamente garante **que cada negócio que você criar terá um enorme sucesso**".

Novo software permite criar robôs de atendimento que vão trabalhar para você 24h por dia, 7 dias por semana sem precisar saber programar. **A forma mais ridiculamente eficaz de vender seus produtos e serviços, independentemente do seu nicho ou setor.**

3. Suporte o título com uma explicação rápida

Como estamos fazendo uma grande promessa, provavelmente qualquer pessoa que ler provavelmente ficará cética.

Eles provavelmente estão pensando que não pode ser completamente verdade - ou não é tão fácil quanto você disse ou sua solução não vai funcionar com eles ou vai levar muito tempo ou algo assim.

Para neutralizar isso, Belcher sugere um sub-título que respalde a sua grande promessa:

"Nova descoberta científica ajuda a qualquer pessoa a ter um corpo pronto para a praia"

Podemos criar um subtítulo para apoiar esse título que se parece com um destes:

… sem abrir mão de suas comidas favoritas.

… em apenas 30 dias.

… sem matá-lo na academia diariamente.

… mesmo que eles tenham tentado sem sucesso perder peso por anos.

… mesmo que não tenham tido sorte com dezenas de outros programas de dieta populares.

Esses subtítulos adicionam mais intriga e também ajudam a diminuir parte da resistência que os clientes em potencial têm ao ler sua grande promessa.

4. Identifique o problema

Sua solução aborda um problema do cliente em potencial. É aqui que entramos em detalhes, para saberem que entendemos o que estão passando e temos a solução que os atende.

Fazemos isso através de estudos de caso ou compartilhando uma de nossas lutas. Certifique-se de despertar emoções no leitor ao identificar o problema.

5. Forneça a solução

Agora que identificou o problema, está pronto para informá-los sobre sua incrível solução. Mas não entre em detalhes ainda - atenha-se a uma visão ampla e menos específica.

Além disso, como provavelmente existem produtos similares concorrentes no mercado, é importante explicar o que há de tão especial em sua solução e porque ela é única.

Use frases como: "Não há absolutamente nada no mercado que seja remotamente parecido."

6. Mostrar Dor e Custo de Desenvolvimento

Agora que apresentou sua solução, quer contar aos seus clientes em potencial as dificuldades pelas quais passou para desenvolvê-la. Isso ajuda a criar harmonia, porque demonstra que você também teve a sua cota de sofrimento e de desafios.

Fale de como levou anos de tentativa e erro antes de desenvolver o sistema comprovado que utiliza e que agora vai compartilhar com eles.

7. Explique a facilidade de uso

Talvez isso não se aplique à sua oferta, mas se for o caso, inclua esta parte.

O objetivo é que seus clientes em potencial pensem: "Isso é fácil, sei que posso fazer isso!" porque haverá alguns deles que não terão certeza de que podem experimentar os mesmos resultados que promete.

Use algo como: "Um processo passo a passo para transformar x em y de forma simples" ou "Um método comprovado para criar x de forma previsível"

8. Prometa resultados rápidos

Ninguém gosta de gratificação atrasada. Embora não seja ético prometer a seus clientes em potencial algo que não possa cumprir, fale sobre a rapidez com que eles podem ver os resultados, caso seja possível.

Então, este é o ponto em sua carta de vendas onde falamos que as pessoas podem ver os resultados "em até 30 dias", ou podem "começar a trabalhar em minutos" ou o que funcionar melhor para o que estiver ofertando no momento.

9. Projete uma visão do futuro

Seus clientes em potencial tem que imaginar como suas vidas serão melhores após utilizarem a sua solução. Esta é uma parte muito importante de qualquer carta de vendas, porque assim que seus clientes em potencial começarem a pensar assim, o desejo deles em comprar aumentará.

Por exemplo, se a sua oferta fala de independência financeira, pinte um quadro da perspectiva de se aposentar em uma praia exótica no Caribe, tomando margaritas. Essa descrição mostra aos clientes em potencial como seria sua vida se aderissem ao seu sistema.

10. Prove que você é o especialista

Informe seus clientes em potencial quais são suas credenciais. Por que eles deveriam confiar em você como uma autoridade neste tópico?

Elenque suas premiações e reconhecimentos, seus resultados, suas certificações e tudo mais que achar relevante para que sua audiência o reconheça como autoridade.

Esta etapa é especialmente importante para a venda de produtos de informação como uma aula, e-book ou outra oferta digital.

11. Detalhe os benefícios

Os benefícios são o resultado desejado que o cliente em potencial obterá com sua solução.

Neste ponto da copy é interessante listar os benefícios de sua solução em formato de marcador.

Por exemplo:

10+ exemplos passo a passo que mostram como você pode encontrar ideias para criar seu produto *best seller* - para que você não precise começar do zero.

Dezenas de dicas sobre como descobrir praticamente TUDO sobre seus competidores - para fazer engenharia reversa da sua ideia campeã e ELIMINAR SEUS RISCOS.

A coisa principal que você TEM QUE FAZER antes de lançar sua marca - ou arriscar perder MILHARES DE REAIS.

como você pode vender virtualmente QUALQUER PRODUTO - físico ou digital - em qualquer nicho... contanto que faça isso primeiro.

Agora, há algo importante a se destacar aqui. Os tópicos acima são repletos de intriga. Marcadores misteriosos como esses são eficientes por dois motivos - o primeiro é que aumentam a curiosidade em adquirir o produto.

O segundo é que, se fornecer muita informação, corre o risco do seu cliente em potencial pensar: "Já sei de tudo isso. Eu não preciso disso." Então, isso é algo a se considerar ao criar seus marcadores, principalmente se estiver vendendo um produto de informação.

12. Mostrar Provas / Testemunhos

Sempre ofereça provas de suas afirmações, como estudos de caso e estatísticas. Embora uma prova concreta como essa seja muito eficaz, nem sempre é prática.

Felizmente, os depoimentos podem realizar a mesma coisa. Use depoimentos de clientes ou até mesmo de parceiros, dependendo do seu setor.

Os melhores depoimentos, aliás, são escritos em linguagem coloquial, oferecem detalhes e abordam objeções. Por exemplo, se você acredita que a principal objeção que as pessoas têm ao seu produto é que ele é difícil de usar, convém incluir vários depoimentos em sua carta de vendas sobre como é fácil usar seu produto.

13. Faça sua oferta

Certo, esta é a parte em que revelaremos tudo o que eles receberão quando comprarem seu produto. No entanto, não vamos revelar preço ou quaisquer bônus ainda.

Por exemplo:

"Você terá 10 vídeos repletos de informações que o orientarão exatamente no mesmo processo que usei para criar X. Também obterá os arquivos de áudio com as transcrições de cada lição para acompanhar o curso até mesmo enquanto está dirigindo".

14. Adicione bônus

É sempre uma boa ideia adicionar bônus à sua oferta, pois elas aumentam o valor percebido. Agora é a hora contar tudo sobre os ótimos bônus que eles receberão com sua oferta.

Algo parecido com o exemplo abaixo:

"Mas isso não é tudo. Eu também vou dar a você A, que irá ajudá-lo a fazer X, Y e Z. E, eu vou adicionar B que irá ajudá-lo a colocar este sistema em funcionamento em minutos... "

Para quem vende seus serviços, recomendo usar produtos de informação para seus bônus - guias, passo a passos, aulas, e-books são ótimos brindes aqui, porque eles são fáceis de criar e ainda mais fáceis de distribuir.

15. Acumule o valor ofertado

Agora que descrevemos todos os seus bônus, é hora de dizer a eles quanto vale a sua oferta. Por exemplo, "O valor total de tudo o que estou oferecendo é R$ 5.527,00".

Esse momento é importante para quantificarem financeiramente o quanto vale a sua oferta, então, quando revelarmos o preço final, eles entenderão como a oferta é valiosa.

16. Revele seu preço

Agora diremos quanto custa a oferta. Pode ser assim: "O valor total de tudo o que estou oferecendo é R$ 5.527,00. Mas estou disponibilizando X e todos os seus bônus por uma fração disso, por apenas R$ 997,00".

É interessante explicar por que você está disposto a se desfazer de algo que vale tanto por tão pouco. Por exemplo, diga que está disponibilizando o produto a um preço tão bom porque é novo e quer apresentá-lo ao maior número de pessoas possível.

17. Injete escassez

Não importa se é o melhor negócio do planeta, a menos que possa motivar os clientes em potencial a agir imediatamente, eles adiarão a compra por dias, semanas ou, provavelmente, para sempre.

É por isso que a escassez é tão importante.

A escassez oferece uma razão convincente para que seus clientes em potencial ajam imediatamente. Existem algumas táticas diferentes que podemos utilizar para injetar escassez.

Por exemplo, dizer que o preço oferecido vale apenas por um período limitado, tirar um bônus se eles não agirem imediatamente ou mencionar que se a resposta à sua oferta for tão boa quanto espera, não possível manter esse preço por muito tempo.

A dica aqui é ser honesto em qualquer tática de escassez que utilize. Não diga que só está vendendo algo por um determinado preço por um tempo limitado, se pretende vender sempre por esse preço. Isso vai prejudicar sua credibilidade. Portanto, tente encontrar uma maneira legítima de injetar escassez em sua oferta.

18. Dê uma garantia

Seu objetivo final como copywriter é remover qualquer resistência de seu cliente em potencial, criando uma oferta irresistível. Uma maneira de fazer isso é com garantia. Eu sugiro que sua garantia seja a mais forte possível.

O código de defesa do consumidor garante 7 dias de garantia incondicional para qualquer venda realizada pela Internet. Nada te impede de ir além e dar uma garantia de 30 dias, onde qualquer pessoa pode receber 100% do seu dinheiro de volta incondicionalmente, sem nenhuma necessidade de explicação ou aborrecimento.

É importante que as pessoas saibam que não há letras miúdas ou pegadinhas - se eles não gostarem do produto por qualquer motivo, eles vão receber um reembolso total.

Use frases fortes como: "investimento 100% livre de risco".

"Investimento", a propósito, é outra palavra excelente para usar em copy - seus clientes em potencial não pagam um custo, taxa ou preço - eles fazem um "investimento"!

19. Chamada a ação

Finalmente chegamos ao ponto em que diremos ao cliente em potencial exatamente o que ele precisa fazer a seguir e sem hesitar.

Quando hesitamos, fica parecendo que estamos pedindo um favor, em vez de oferecer uma ótima solução para um problema que as pessoas enfrentam.

Portanto, em sua chamada à ação, diga aos clientes em potencial exatamente o que fazer e, em seguida, seja claro sobre o que acontece em seguida. Remova qualquer confusão e conduza-os por todo o processo.

Por exemplo, inclua um botão "Compre agora" e, abaixo do botão, escreva algo como:

"Após clicar no botão 'Compre agora', você será solicitado a inserir suas informações de pagamento na minha página de checkout 100% segura e protegida. Assim que seu pedido for concluído, você terá acesso imediato a todos as aulas, vídeos, transcrições e arquivos de áudio - para começar a mudar sua vida imediatamente."

20. Dê um aviso.

Próximo do encerramento, é bom avisar aos seus prospects sobre o futuro sombrio que os espera, se não resolverem agir agora.

Lembre de que se eles não fizerem nada a respeito, estarão exatamente no mesmo barco no próximo ano, o problema que estão enfrentando não vai embora e pode até piorar, etc.

Uma das melhores formas de escrever um aviso como esse é seguir às duas opções de caminho. Normalmente, é algo assim:

"Pelo que vejo, você tem duas opções. A opção 1 é continuar fazendo o que você está fazendo". Entre em detalhes sobre como continuar com isso não está funcionando para eles e lembre-os da dor e da frustração que estão sentindo.

Então conte-lhes sobre a outra opção melhor, que é comprar o produto. Por exemplo:

"A outra opção é desembolsar um pequeno investimento único de R$ 997. E acessar 20 anos das minhas próprias tentativas e erros, tudo condensado em um sistema extremamente detalhado que foi testado e comprovado por mim e por outros, em diversos cenários e nichos, para criar negócios online de 6, 7 e até 8 dígitos".

21. Encerre com um lembrete.

Neste ponto, faça uma recapitulação final de tudo. Esta é sua última chance de convencer seus clientes em potencial.

Esta seção não precisa ser muito longa, porque não vamos reescrever tudo. Vamos resumir os pontos principais da oferta.

Perry disse, aliás, que um de seus melhores fechamentos foi assim:

PS - Como minha avó disse: "A definição de insanidade é fazer a mesma coisa repetidamente quando ela não funciona. Então, se você continuar fazendo o que está fazendo agora, estará no mesmo lugar no próximo ano." Ele então resumiu o problema, sua solução, a oferta e sua garantia.

Espero que tenha aproveitado muito esse capítulo. Se leu até aqui, tenho certeza de que você já adquiriu o conhecimento necessário para redigir uma carta de vendas de alta conversão.

7. WEBINÁRIOS, COMO CONVENCER INFORMANDO

Agora que discutimos como escrever ótimas cartas de vendas, estamos prontos para avançar para os webinários.

Se ainda não está familiarizado com o termo, um webinário (ou ainda *Webinar*, que em inglês é abreviação de "*web-based seminar*", ou "seminário através da web") é uma videoconferência onde a comunicação é de apenas uma via, ou seja, somente o palestrante se expressa e as outras assistem.

Aqui a interação dos participantes é limitada geralmente a um chat, de modo que possam enviar perguntas ao palestrante.

Mostrarei alguns conceitos básicos para o desenvolvimento de um webinar. Em seguida, vou apresentar um roteiro de webinar de alta conversão e mostrar como esses conceitos se inserem nele.

Muito do que vou explicar aqui veio do livro "DotCom Secrets" do Russel Brunson, fundador da ClickFunnels.

A Grande Ideia

Ela é a ÚNICA COISA em que seus clientes em potencial precisam acreditar que tornará todas as suas objeções irrelevantes.

Funciona assim:

"Se eu puder fazer as pessoas acreditarem que (minha nova oportunidade) é a chave para (o que elas mais desejam) e só pode ser alcançada através de (meu veículo específico), então todas as outras objeções e preocupações se tornam irrelevantes e eles têm que me dar dinheiro."

Encontre aquela ÚNICA COISA que, se conseguir fazer o cliente em potencial acreditar, o resultado será a venda.

De certa forma, é um pouco como a regra do um que discutimos anteriormente - em vez de tentar atingir o cliente em potencial com todos os grandes benefícios que eles obterão de seu produto, você está realmente se concentrando em uma grande ideia.

Repetidamente, essa tática provou ser a de maior sucesso.

A Ponte da Epifania (Epiphany Bridge)

As pessoas decidem com a emoção se vão comprar algo - então, elas recorrem à lógica para apoiar essa decisão.

É disso que se trata a Ponte da Epifania - ajudar alguém a ter um momento emocional "a-ha" que vai fazer com que desejem seu produto - antes de justificar logicamente porque eles deveriam comprá-lo.

Escrever sua copy de qualquer outra forma sai pela culatra, porque os clientes em potencial ainda não formaram uma conexão emocional.

Com a Ponte da Epifania, contamos primeiro uma história que apela para suas emoções. Seus clientes em potencial têm uma epifania que os faz desejar seu produto e, depois usamos a lógica para apoiar por que eles deveriam comprá-lo.

Uma *Epiphany Bridge* possui 8 elementos diferentes que você precisa incluir em sua história:

1. História de fundo

Explique o que estava acontecendo em sua vida antes de fazer esta incrível descoberta, incluindo as lutas que enfrentava no momento.

Exemplo: "Eu estava trabalhando em um emprego que odiava como vendedor de aspirador de pó, e minha esposa estava grávida de nosso primeiro filho. Na época, estávamos vivendo de salário em salário, então eu estava extremamente estressado, me perguntando como conseguiríamos comprar fraldas, leite em pó e todas as outras coisas de que as crianças precisam".

2. Seus desejos (internos e externos)

Nesta seção, fale sobre seus desejos na época, bem como os desafios internos e externos que enfrentava. Isso cria empatia com seus clientes em potencial.

A propósito, não encurte esta seção. É tentador se ater a desejos externos, como querer mais dinheiro. Mas, há um desejo interno escondido atrás do desejo externo. Geralmente, descobrimos o que é perguntando a si mesmos por que desejamos algo.

Por exemplo, quando nos perguntamos por que desejamos mais dinheiro, podemos descobrir que o motivo interno é uma maior sensação de segurança. Então, vamos mais fundo - por que queremos uma maior sensação de segurança? Talvez tenhamos passado necessidades na infância e precisamos saber que terá sempre um teto sobre nossa cabeça e comida na mesa.

Continue perguntando "por que" até que você realmente chegue à razão central por trás do seu desejo. Embora possa ser desconfortável compartilhar memórias como essa, a vulnerabilidade te deixa mais acessível ao seu público.

Por exemplo, a luta externa na história fictícia que estamos criando pode ser: "Vender aspiradores de pó de R$400,00 de porta em porta era uma maneira difícil de ganhar a vida e, em alguns dias, eu voltava para casa sem ter vendo nada."

A luta interna poderia ser: "Minha esposa estava de cama, e não podia trabalhar. A cada dia, sentia-me mais envergonhado por não conseguir o suficiente para nos sustentar e temia que nossos problemas financeiros estivessem afetando sua gravidez."

A propósito, eu sei que essa história de ficção é bem dramática. As melhores geralmente são. No entanto, recomendo que diga a verdade. Pode não ser algo tão dramático, mas como copywriter, tenho certeza de que pode soar bem mesmo que não tenha falido, seu cônjuge o tenha trocado por alguém com mais dinheiro ou tenha R$ 500.000,00 em dívidas.

Faça o melhor que puder com a sua história de vida.

3. A parede

Este é o desafio vivido ao longo do caminho que o conduziu a uma mudança de rumo. Novamente, você vai querer desenvolver bem o texto aqui, descrevendo a sua frustração.

Exemplo: "Infelizmente, por pior que fossem as coisas, elas só pioraram. Isso foi em 2008, quando a economia afundou repentinamente. As pessoas estavam preocupadas sobre como pagariam suas contas - ninguém estava interessado em comprar um aspirador de pó de R$400".

"Meu chefe me demitiu, e isso não foi o pior! Minha esposa e eu ficamos sem plano de saúde e eu estava morrendo de medo, me perguntando como iria pagar nossas contas médicas e evitar que fôssemos despejados".

4. A Epifania

Neste ponto da história, algo muda a sua vida. Você lê um livro, conversa, tem uma ideia durante uma caminhada, etc. Essa é a epifania que o levou a solução que está vendendo agora.

Agora, vamos ver como ficaria a epifania em nosso texto:

"Um dia encontrei um artigo na Wired Magazine sobre os irmãos Samwer - três bilionários que pegaram ideias de negócios de sucesso como o Airbnb e o Pinterest e as copiaram. Eles são uns dos maiores empreendedores da Internet na Europa, e sua estratégia de espelhamento competitivo era simples! Quanto mais eu lia sobre eles, mais apaixonado ficava com esse modelo de negócios. Percebi que **o segredo para ganhar muito dinheiro online era espelhar um negócio que já era bem-sucedido**".

Veja como a linha em negrito se relaciona diretamente com o grande momento do "a-ha" que quero que meus clientes em potencial tenham.

5. O plano

Agora diga o que fez depois dessa epifania. Exemplo: "Decidi que a melhor maneira de começar era encontrar uma empresa que estava vendendo com sucesso um produto de informação. Encontrei um e-book com uma classificação elevada na Hotmart e usei todo o meu tempo livre para criar um livro de semelhante que pudesse comercializar da mesma maneira. Em seguida, investi R$2.000,00 para obter tráfego para o meu site".

6. O conflito

Se a sua história for um mar de rosas, a sua audiência vai rapidamente perder o interesse e não vai se identificar muito. Neste ponto, adicione algum conflito à sua história para torná-la mais interessante e verossímil. Então, é hora de incluir os desafios que encontrou durante a implementação do seu plano.

"Rapidamente percebi que o concorrente que estava espelhando poderia facilmente gastar mais do que eu no tráfego da web. Como ele tinha muito dinheiro, foi muito difícil fazer meu negócio decolar e transformá-lo no empreendimento de sucesso que eu havia imaginado. O problema é que eu tinha investido todo o dinheiro dos meus pais e não queria decepcionar eles ou minha esposa. Eu sabia que teria que encontrar uma maneira de fazer minha ideia funcionar ou teria dificuldade para olhar nos olhos deles novamente"

7. A realização

Aqui, algo aconteceu que fez com que você alcançasse o resultado final ou não. Nessa parte vamos explicar isso ao leitor.

"Eu sabia que, a menos que pudesse comprar mais tráfego, não ganharia uma fatia grande o suficiente do mercado para sustentar minha família. Então, criei uma estrutura de comissão generosa para atrair a atenção dos principais afiliados. Era exatamente o que eu precisava para impulsionar meu negócio. Com o tempo, tive dezenas de afiliados realmente excelentes direcionando tráfego para minha página de vendas. Em apenas alguns meses, estava superando meu concorrente na Hotmart".

8. A transformação

Encerre a história explicando como essa experiência te mudou. Não se concentre apenas nas mudanças externas - fale sobre as internas também.

"Depois desse sucesso, comecei a criar vários outros negócios bem-sucedidos na Internet usando a mesma estratégia. Com o tempo, eu transformei essa metodologia quase numa ciência exata. Hoje, tenho uma vida confortável e não preciso me preocupar com dinheiro. Também passo menos tempo trabalhando e mais tempo com minha família. Estou muito mais feliz do que era na época em que vendia aspiradores de pó e sinto uma enorme sensação de realização quando penso em quão longe cheguei em apenas 5 anos".

Falsas crenças

Agora que discutimos os conceitos da Grande Ideia e da Ponte da Epifania, é hora de passar para as falsas crenças.

Seus clientes em potencial não são folhas em branco. Quando acessam seu webinar, já têm um monte de ideias preconcebidas sobre as suas habilidades e, às vezes, até mesmo sobre a solução que está fornecendo. Infelizmente, essas falsas crenças podem prejudicar sua chance de fazer uma venda.

Então, antes mesmo de criar seu webinar, pense sobre as falsas crenças que a sua audiência pode ter que possa criar resistência à sua oferta. Por exemplo, no caso do workshop do nosso exemplo, poderiam haver muitas crenças falsas em potencial:

- "As informações serão muito vagas para eu tirar algum valor delas."
- "Gostaria de me tornar um empresário, mas não consigo ter uma boa ideia de negócio."
- "As informações do curso provavelmente são coisas que posso encontrar de graça na internet."
- "Não tenho tempo suficiente para começar meu próprio negócio."
- "Não sei como divulgar minha ideia de negócio."
- "Não tenho um histórico de negócios forte o suficiente para me tornar um empresário."
- "Custa muito dinheiro para colocar um negócio em funcionamento."
- "Duvido que isso funcione para o setor em que desejo entrar."
- "O espelhamento competitivo parece antiético."
- "Não estou convencido de que o espelhamento competitivo seja a melhor maneira de iniciar um negócio."

- "O espelhamento competitivo só funciona para pessoas que têm alguma vantagem (riqueza / tempo / inteligência) que eu não tenho."

- "Não tenho certeza de que, ao final do curso, conseguirei iniciar meu próprio negócio."

Como você pode ver, é preciso lidar com essas falsas crenças se quiser vender um workshop como esse.

Então, poderíamos começar colocando cada uma delas em uma das três categorias - interna, externa ou relacionada ao veículo.

Crenças internas são crenças que uma pessoa tem sobre suas próprias capacidades - "não sou inteligente o suficiente, não sou disciplinado o suficiente, coisas assim."

Crenças externas são crenças de que uma força externa pode impedir o sucesso de alguém - como a economia ou a falta de tempo.

Finalmente, as crenças relacionadas ao veículo são falsas crenças sobre a oportunidade que você está apresentando - por exemplo, que a estratégia ensinada no curso não funciona.

Portanto, para criar seu webinar, aborde algumas dessas crenças. A melhor maneira de fazer isso é categorizá-los e organizá-los do mais importante para o menos importante.

Deixe-me dar um exemplo usando as crenças que acabei de mostrar, com as mais importantes aparecendo no topo da lista e as menos importantes no final da lista:

Crenças Internas

- "Eu gostaria de me tornar um empresário, mas não consigo ter uma boa ideia de negócio."

- "Não sei como divulgar minha ideia de negócio."

- "Não tenho um histórico de negócios forte o suficiente para me tornar um empresário."

- "O espelhamento competitivo só funciona para pessoas que têm alguma vantagem (riqueza / tempo / inteligência) que eu não tenho."

Crenças Externas

- Custa muito dinheiro para colocar um negócio em funcionamento.
- Não tenho tempo suficiente para começar meu próprio negócio.

Crenças de Veículo

- Não estou convencido de que o espelhamento competitivo seja a melhor maneira de iniciar um negócio.
- As informações do curso provavelmente são coisas que posso encontrar nos livros didáticos.
- Não tenho certeza se, ao final do curso, terei certeza de que posso começar meu próprio negócio.
- O espelhamento competitivo parece antiético.
- As informações serão muito vagas para eu tirar algum valor delas.
- Duvido que isso funcione para a indústria em que desejo entrar.
- Não basta jogar um monte de estatísticas nas pessoas, mostrando-lhes porque suas crenças são falsas. Em vez disso, crie histórias de ponte de epifania para poder envolver alguém emocionalmente e deixar que ela chegue a essa conclusão por conta própria.
- Na verdade, este será o cerne do seu webinar. Deixe-me mostrar do que estou falando. Digamos que você listou todas as suas crenças, classificou-as e as organizou da mais importante para a menos importante.
- Pegue a crença mais importante de cada categoria e criar uma ponte de epifania em torno dela.
- No caso do workshop exemplo, poderíamos identificar que as 3 crenças mais importantes seriam:
- Crença nº 1: Não estou convencido de que o espelhamento competitivo seja a melhor maneira de iniciar um negócio (veículo)
- Crença nº 2: gostaria de me tornar um empreendedor, mas não consigo ter uma boa ideia de negócio (interno)
- Crença nº 3: Custa muito dinheiro para colocar um negócio em funcionamento (externo)

Então, vamos primeiro falar sobre a falsa crença relacionada ao veículo: "Não estou convencido de que o espelhamento competitivo seja a melhor maneira de começar um negócio". Para esta seção, explicaríamos que inicialmente, também não tínhamos certeza se funcionaria.

"Então, eu tentei quando lancei meu primeiro livro, um e-book sobre perda de peso. Basicamente, usei uma página de vendas muito semelhante em layout ao e-book de perda de peso mais vendido da Hotmart. Também usei a mesma estratégia de tráfego daquela empresa, para poder ir atrás dos mesmos clientes em potencial. Com o tempo, meu e-book alcançou o primeiro lugar no Hotmart e, no auge, arrecadava R$7 mil a cada duas semanas.

Nesse momento eu soube então que estava no caminho certo.

O espelhamento competitivo eliminou o risco de vender meu e-book e economizou dinheiro, porque não tive que descobrir as coisas por tentativa e erro. De qualquer forma, desde aquele primeiro livro, refinei minha estratégia de espelhamento ainda mais e agora a usei para construir todos os sete de meus negócios de um milhão de Reais."

Para a próxima crença, "eu gostaria de me tornar um empreendedor, mas não consigo ter uma boa ideia de negócio". Explicaríamos que existem muitas oportunidades incríveis de ganhar dinheiro na web - desde que saiba onde olhar.

Para a crença final, custa muito dinheiro para criar um negócio de sucesso, poderíamos contar uma história sobre como iniciamos um negócio próprio com menos de R$ 500,00.

Após realizar esta etapa para todas às três principais crenças falsas, você terá o "recheio" da sua apresentação. Transforme essas crenças em segredos que revelará durante o seu webinar.

Deixe-me mostrar um exemplo baseado nas crenças que acabamos de examinar. Aqui estão eles de novo:

- Crença n° 1: Não estou convencido de que o espelhamento competitivo seja a melhor maneira de iniciar um negócio (veículo)
- Crença n° 2: gostaria de me tornar um empreendedor, mas não consigo ter uma boa ideia de negócio (interno)
- Crença n° 3: Custa muito dinheiro para colocar um negócio em funcionamento (externo)

E agora aqui está o texto final que eu criei abordando essas crenças:

Os 3 segredos para criar um negócio online altamente lucrativo...

- Segredo n° 1: como usar o espelhamento competitivo para garantir virtualmente o sucesso de seus negócios.
- Segredo n° 2: como descobrir dezenas de oportunidades on-line incríveis para começar seu negócio imediatamente... Mesmo se você estiver lutando para ter uma ideia de negócio há muito tempo.
- Segredo n° 3: como lançar seu negócio e direcionar toneladas de tráfego de alta conversão para seu site... com um orçamento apertado.

E pronto! Este conteúdo constituirá a maior parte do seu webinar. Tendo dito isso, há algo importante que quero mencionar aqui.

Na verdade, existem duas escolas de pensamento sobre como lidar com essa parte do seu webinar.

Um dos gurus do marketing digital, Frank Kern diz que durante o seu webinar, você quer que as pessoas saiam com algo de valor que eles possam implementar - o que significa que eles podem começar a usar imediatamente, mesmo que não comprem seu produto. Ele chama isso de entregar "boa vontade" ao mercado.

De acordo com ele, quanto mais boa vontade você entrega à comunidade, mais retorno financeiro tem ao longo do tempo.

Sua filosofia traz dois benefícios principais - primeiro, ajudará a te estabelecer como uma autoridade em seu setor, porque prova de que sabe do que está falando. Em segundo lugar, fará com que seus clientes em potencial confiem em você e compareçam a seus futuros webinars - porque eles sabem que ganharão algo de valor com eles.

Russell Brunson, por outro lado, diz que seus webinars não são aulas e, em vez disso, são projetados para inspirar as pessoas a comprar. Segundo ele, ensinar é a maneira mais certa de matar as vendas. Ele também acredita que as pessoas não implementarão o que aprenderam se não tiverem dinheiro em jogo. Por essas razões, sua filosofia é ensinar depois que alguém faz uma compra.

De qualquer forma, acho interessante que ambos abordem esse assunto de maneira completamente diferente e ambos sejam muito bem-sucedidos em seus setores. Com base nisso, não existe uma maneira certa - qualquer uma das táticas pode funcionar bem para você.

Acredito que as expectativas influenciam o sucesso ou o fracasso de seu webinar, então, em vez de dizer haver uma maneira "certa" de lidar com isso, recomendo seguir a abordagem que funcione melhor para você, ou melhor ainda, teste as duas e descubra qual delas possui melhor taxa de conversão.

Agora que dominamos os conceitos básicos, estamos prontos para criar um webinar passo a passo, usando o que Russell chama de script de "Webinar Perfeito".

O script de webinar perfeito de Russell Brunson

Embora este esboço tenha sido projetado para um webinar, também pode ser usado em uma VSLs (Vídeo Sales Letters - Cartas de Vendas em Vídeo), sequências de e-mail, apresentações, etc. Embora eu vá mostrar outra fórmula quando chegarmos aos VSLs, só quero que saiba que tem mais de uma opção em seu arsenal.

Então, vamos direto ao ponto e começar com o primeiro slide...

Slide 1 - Slide de título

O título deve atrair a curiosidade das pessoas. Para fazer isso, "Como X Sem Y" é um bom formato para usar. Para ilustrar esses conceitos, a propósito, vou apenas fornecer exemplos usando meu workshop Engenharia do lucro. Portanto, para o slide de título, eu poderia ter:

"Como criar um negócio online altamente lucrativo - sem gastar muito dinheiro".

Slide 2 - Introdução

Dê as boas-vindas às pessoas em seu webinar e comece a construir um relacionamento com elas.

Você pode fazer isso:

- Justificando suas falhas
- Colocando seus medos de lado
- Atirando pedras em seus inimigos
- Confirmando suas suspeitas e
- Encorajando seus sonhos.

Deixe-me dar um exemplo do que dizer durante esta seção:

"Ei, obrigado por participar do meu webinar. A primeira coisa que quero que saiba é que, se você está pensando em abrir um negócio há muito tempo, mas ainda não o fez, a culpa não é sua. Há tantos conselhos de negócios conflitantes por aí que pode ser muito confuso descobrir como começar. E não há nada de errado nisso. (JUSTIFICAR SUAS FALHAS)

Além disso, se no passado não conseguiu lançar seu próprio negócio de sucesso, quero que relaxe. Não é que não possa fazer isso - você PODE. Só precisava do guia certo para mostrar um processo passo a passo para fazer isso. (COLOQUE SEUS MEDOS PARA DESCANSAR)

A maioria dos empreendedores de sucesso quer que você pense que isso é realmente difícil de fazer e que requer alguma combinação de sorte, trabalho duro, talento inato, uma grande carteira e habilidades sobre-humanas. Saiba que eles estão errados. QUALQUER UM pode fazer isso se tiver o treinador certo. (JOGAR PEDRAS EM SEUS INIMIGOS)

Se você já pensou que grandes empresas e bancos não querem que tenha sucesso, provavelmente está certo. Se falhar, ainda será forçado a confiar neles. Eu não sou assim - eu realmente quero te ver com o dinheiro, a liberdade e a felicidade que vai experimentar como um empresário de sucesso. (CONFIRMAR SUAS SUSPEITAS)

De qualquer forma, é isso que estou aqui para ajudá-lo a fazer. Sei que você tem grandes sonhos e realmente deseja viver uma vida com mais dinheiro, mais flexibilidade, mais facilidade e muito mais tempo. Você absolutamente pode ter isso e durante esta apresentação, vou te mostrar como. (ENCORAJAR SEUS SONHOS)"

Slide 3 - Explique o objetivo do webinar

Tenha certeza de que seus clientes em potencial entenderam o objetivo do seu webinar, porque se o objetivo deles diferir do seu, eles ficarão desapontados.

Esclareça a quem se destina o seu webinar e o que obterão com ele, para que as pessoas tenham a certeza de que sua apresentação é para elas.

"Meu objetivo com esta apresentação é ajudar dois tipos de pessoas - aquelas que estão pensando em começar seu próprio negócio online e aquelas que já começaram um negócio, mas nunca alcançaram o sucesso que esperavam.

Se você está apenas pensando em começar seu próprio negócio, receberá X com isso. Se já é um empreendedor, obterá Y com esta apresentação."

Slide 4 - A Grande Ideia

Aqui entra o conceito da *Big Idea*. Para refrescar, ela é a ÚNICA coisa em que eles devem acreditar para superar todas as outras resistências.

"Se eu puder fazê-los acreditar que o espelhamento competitivo é a CHAVE para criar um negócio online de sucesso, mas [o conhecimento para fazer isso] só pode ser obtido por meio do meu workshop Engenharia do lucro, então todas as outras objeções e preocupações se tornam obsoletas."

Agora vou pegar minha *Big Idea* e reafirmá-la como objetivo do curso. Então, por exemplo, eu teria um slide assim:

Meu objetivo com este webinar...

1. A ÚNICA MANEIRA SEM RISCOS para criar um negócio online altamente lucrativo é **espelhando um concorrente de sucesso**...

2. A ÚNICA MANEIRA de aprender passo a passo como fazer isso é com meu workshop **Engenharia do lucro**.

Slide 5 - Apresente as suas qualificações

Não leia seu currículo ou dê muitas informações, mas se concentre em estabelecer a sua credibilidade e mostrar às pessoas que alcançou o que elas desejam.

A propósito, certifique-se de não se concentrar apenas em suas realizações externas, mas também de explicar como mudou internamente.

Slide 6 - História de origem (Ponte da Epifania)

Conte a história de origem da Ponte da Epifania que criou. Essa é a história que fala sobre seu histórico e desafios até chegar ao momento "a-ha" que mudou sua vida e o levou onde está hoje.

Slide 7 - Relacione-a com eles

Agora que compartilhou sua história, quer torná-la relevante para o seu público - claro, usar uma estratégia de espelhamento do concorrente me ajudou a iniciar todos os meus negócios, mas como isso se relaciona com eles?

Por exemplo: "As estatísticas mostram que 9 em cada 10 novos negócios falham. Isso é incrivelmente deprimente. O espelhamento competitivo, por outro lado, tem quase garantia de sucesso. Não só funcionou com sucesso para mim, mas também funcionou para algumas das principais marcas com as quais tenho certeza de que está familiarizado, como a Lego e os biscoitos Oreo - cada uma dessas marcas começou espelhando um concorrente e eles todos são extremamente lucrativos hoje."

"Se você deseja iniciar um novo negócio, meu workshop engenharia do lucro é a maneira mais rápida e fácil de aprender como fazê-lo com sucesso E meu método está comprovado que funciona. Se o seu sonho é se tornar um empresário, não pode se dar ao luxo de NÃO ter essas informações".

Slide 8 - Prova

Este é um bom ponto da apresentação para citar um estudo de caso ou uma história de alguém que assistiu a este webinar há seis meses e veja onde está hoje!

Slide 9 - Transição de 3 segredos

Faça a transição para os três grandes segredos de que falamos anteriormente.

Por exemplo:

Os 3 segredos para criar um negócio online altamente lucrativo...

- Segredo nº 1: "Como usar o espelhamento competitivo para praticamente garantir o sucesso de seus negócios".
- Segredo nº 2: "Como descobrir dezenas de oportunidades on-line incríveis para começar seu negócio imediatamente... Mesmo se você estiver lutando para ter uma ideia de negócio há muito tempo".
- Segredo nº 3: "Como lançar seu negócio e direcionar toneladas de tráfego de alta conversão para seu site... com um orçamento apertado".

Faça algo semelhante em sua própria apresentação, colocando o segredo que você criou para a crença falsa relacionada ao veículo em primeiro lugar, o segredo para a crença interna em segundo e a externa em terceiro.

Slide 10 - Conte seu primeiro segredo

Declare seu primeiro segredo aqui, então, neste exemplo, eu diria: "Como usar o espelhamento competitivo para garantir virtualmente o sucesso de seu negócio."

Slide 11 - Ponte da Epifania

Faça uma transição dizendo: "Agora, deixe-me contar uma história rápida..." Em seguida, conte a história da ponte de epifania que criou para este segredo. O objetivo desta história é mudar a falsa crença deles para ficarem mais entusiasmados com a sua oportunidade.

Slide 12 - Mostrar os resultados dos outros

Nesse ponto, seu público pode estar pensando que funcionou para você, que tem mais conhecimento, sorte, dinheiro ou o que quer que seja. Então, diga algo como: "O que é realmente legal é que isso não funcionou apenas para mim. Marcos costumava acreditar em X, mas quando tentou fazer Y, ele experimentou um resultado incrível Z."

Slide 13 - Quebre Falsas Crenças Relacionadas

Agora, é hora de quebrar todas as outras crenças falsas relacionadas a este segredo. Isso pode ser muito poderoso, porque após refutar todas as objeções dos clientes em potencial, acabamos removendo toda a resistência de compra.

Por exemplo: "No momento, você provavelmente está pensando no X, certo? Deixe-me mostrar porque esse não é o caso." Em seguida, comece outro conto - essas mini-histórias podem ser apenas algumas frases.

Slide 14 - Reafirme a nova crença como uma verdade inegável

É aqui vamos transmitir a mensagem principal que desejamos que seu cliente em potencial receba da história que acabou de contar.

Portanto, em nosso exemplo, a primeira crença falsa que eu queria desfazer era que o espelhamento competitivo não era a melhor maneira de começar um novo negócio. Então, meu primeiro segredo foi: como usar o espelhamento competitivo para garantir virtualmente o sucesso de seu negócio.

Após contar histórias que provam o que acabei de dizer, eu diria algo como: "Então, agora você viu que o espelhamento competitivo é uma maneira incrível de iniciar um novo negócio realmente lucrativo. Quão legal é isso?"

Slides 15 - 24 - Repetir para os próximos 2 segredos

Faça a mesma coisa que fez nos slides 10-14 com seus próximos dois segredos.

Slide 25 - Faça a transição para a venda

Agora é hora de amarrar tudo junto enquanto cimenta essas novas crenças. Para isso, diga algo como:

"Deixe-me fazer uma pergunta. Se você seguiu o que eu lhe mostrei no primeiro segredo e fez X, fez o que eu falei no segundo segredo e fez Y, e depois usou o que eu disse no terceiro segredo e fez Z, acha pode ter sucesso dessa forma?"

Isso resume tudo, essa estratégia ajuda seus clientes em potencial a perceber que também podem fazer isso.

Slide 26 - Faça perguntas

Muitos apresentadores de webinar têm dificuldade em falar sobre suas ofertas. A maneira mais fácil de fazer isso é através de perguntas como: "Você ficou entusiasmado com o que acabamos de falar? Está se sentindo sobrecarregado com a quantidade de assuntos que cobrimos até agora?".

E continue: "Tentei cobrir o máximo que pude nesta apresentação, mas com apenas 60 minutos, seria impossível mostrar tudo o que você precisa saber para obter resultados.

Eu criei uma oferta especial para quem quiser abraçar esta nova oportunidade. Tudo bem se eu passar 10 minutos analisando esta oferta especial que criei para ajudá-lo a aprender passo a passo como criar seu próprio negócio de sucesso na Internet?"

Após ou ouvir um sim, continue com a parte de vendas da sua apresentação.

Slide 27 - O que ele vai ganhar

Mostre uma representação visual de sua solução, como um livro ou DVDs, ou qualquer outra coisa, e explicar que, assim que eles investirem, terão acesso imediato.

Slide 28 - Faça uma recapitulação de alto nível dos resultados finais

Não se estenda muito para não parecer que é muita pressão de venda da sua parte. Utilize cerca de 30 segundos para isso.

Por exemplo: "No primeiro módulo, examinarei X e, no segundo, direi como fazer Y. No terceiro módulo, vamos olhar para Z, etc".

Slide 29 - Compartilhe 3 estudos de caso

Isso é bastante autoexplicativo, compartilhe histórias de sucesso de três pessoas que fizeram o seu curso ou que já obtiveram resultado com a sua oferta.

Slide 30 - Para quem isso funciona

Alguns clientes em potencial ouvindo você vão pensar: "Bem, isso é ótimo, funcionou para fulano, mas não vai funcionar para mim, por causa de X, Y e Z".

Seja o mais inclusivo possível, dizendo algo como: "Quero que saiba que mesmo que tenha muito pouco dinheiro para começar seu próprio negócio, isso pode funcionar para você".

Aborde todos os motivos possíveis que as pessoas possam ter para pensar que sua solução não funcionará para elas.

Slide 31 - Destrua o principal motivo pelo qual as pessoas não começam

O principal motivo pelo qual as pessoas não começam é porque pensam que podem descobrir como trabalhar a sua estratégia por conta própria.

Explique que, embora eles possam pesquisar essas coisas por conta própria, as informações sobre como fazer isso são realmente difíceis de encontrar.

Por exemplo:

"Eu não descobri esse processo em uma noite. Na verdade, levei anos para desenvolver a estratégia passo a passo explícita que delineei em meu curso.

Você pode fazer tudo isso por conta própria - perdendo tempo e dinheiro no processo - ou pode aprender em duas semanas tudo o que há para saber sobre a estratégia que levei 20 anos para desenvolver."

Slide 32 - Pilha nº1

Vamos começar a "empilhar valor", seu primeiro slide de empilhamento pode ter a seguinte aparência:

Inscreva-se hoje e você receberá

o workshop engenharia de lucros

VALOR TOTAL: R$ 2.997,00

Fale brevemente neste slide antes de apresentar um bônus no próximo slide.

Slide 33 - Bônus "Ferramentas"

É aqui que mostramos um slide com o nome da ferramenta gratuita que vamos oferecer e que tornará o uso de sua solução ainda mais fácil.

Por exemplo, se você vende um curso de Marketing na Internet, pode oferecer um livro grátis sobre como realizar testes A/B, para que os alunos saibam como testar a eficiência das suas campanhas.

Slide 34 - Você será capaz de / você pode se livrar de

Seu cliente potencial tem que entender que investir hoje vai ajudá-lo a economizar dinheiro. Então, usando o exemplo anterior, com o livro de testes A/B, posso dizer nesta seção:

"Com este livro de testes A/B, suas páginas de vendas terão maior conversão. Você sabia que ao aumentar suas taxas de conversão em apenas 1%, você pode dobrar o seu faturamento? Portanto, com este livro, você poderá otimizar todas as suas páginas e começar a ter retornos extras sem precisar investir nem um centavo a mais nas suas campanhas.

Você também será capaz de se livrar das páginas de baixo desempenho, porque o livro mostra algumas correções muito rápidas que pode fazer para começar a melhorar as conversões imediatamente."

Slide 35 - O problema que esta ferramenta resolveu para você

Fale como essa ferramenta o ajudou a resolver um problema. Por exemplo, "Eu não sabia nada sobre testes de divisão quando comecei, e tive que descobrir tudo isso sozinho, principalmente por tentativa e erro".

Slide 36 - Quanto tempo/dinheiro essa ferramenta os economizará

Conte aos seus clientes em potencial sobre todos os obstáculos caros e demorados que teve que superar e com os quais eles não precisarão se preocupar porque terão essa ferramenta.

Portanto, seja específico aqui - se essa ferramenta vai economizar milhares de reais e meses - ou mesmo anos - de tentativa e erro, comunique.

Slide 37 - Quebre as Crenças Relacionadas às Ferramentas

Se você suspeita que eles têm alguma crença falsa sobre as ferramentas, deve quebrá-las aqui e substituí-las com novas crenças, usando uma rápida história de ponte de epifania.

Slide 38 - Slide de empilhamento nº 2

Agregue mais valor ao seu slide de pilha para eles poderem ver o negócio incrível que estão conseguindo. Liste o valor real de um item para o cliente em potencial. Pense em quanto tempo e dinheiro seu cliente potencial economizará e, em seguida, avalie seu item de acordo.

O valor provavelmente será muito diferente do preço que você realmente cobraria por um item. Aqui está um exemplo:

Inscreva-se hoje e você receberá

- Cursp X (R$ 2.997)
- O grande livro de ideias de teste A/B (R$ 57)
- VALOR TOTAL: R$ 3.054

Slide 39 - Apresente o subproduto tangível nº 1

Para cada segredo que você identificou, Russell sugere que ofereça uma ferramenta ou bônus que vai ajudar a acabar com a falsa crença. O primeiro segredo do webinar estava relacionado a uma falsa crença em torno da oportunidade que está apresentando.

Então, por exemplo, você pode querer fazer desta oferta um arquivo PDF de estudos de caso de usuários bem-sucedidos que compraram sua solução. Ou faça um treinamento em vídeo que ajudará seus compradores a se familiarizarem rapidamente com seu produto.

Slide 40 - Dor e Custo

Utilize este slide para falar sobre a dor e o custo de desenvolver o bônus que tornará a vida deles muito mais fácil.

Slide 41 - Facilidade e velocidade

Mencionamos anteriormente como esse bônus vai facilitar a vida deles. Agora vamos explicar o porquê e como.

Slide 42 - Quebre Crenças Relacionadas

Novamente, esta seção é uma que já viu antes. Quebre crenças falsas que seus clientes em potencial tenham sobre o bônus e a capacidade de usá-lo.

Slide 43 - Slide de pilha n° 2

Contabilize esses bônus para exibir um slide como este:

Inscreva-se hoje e você receberá

- Engenharia de lucro (R$ 2.997)
- O grande livro de ideias de teste A/B (R$ 57)
- Assinatura de teste de 1 ano do Software Testly (R$ 1297)
- VALOR TOTAL: R$ 4351

Slide 44-53 - Introdução aos subprodutos tangíveis 2 e 3

Faça a mesma coisa com os produtos que criou para os outros dois segredos que compartilhou durante o webinar. Então, é o mesmo processo de antes - apresente seu segundo bônus, explique a dor e o custo em desenvolvê-lo, fale sobre como isso vai dar aos seus clientes em potencial resultados mais fáceis mais rapidamente. Quebre quaisquer crenças falsas, mostre o slide de empilhamento e, em seguida, faça a mesma coisa para o terceiro bônus.

Slide 54 - A Grande Pilha

Mostre absolutamente tudo aqui - seu objetivo é tornar o valor 10x maior do que o que está cobrando em sua oferta. Portanto, este slide pode ser parecido com este:

Inscreva-se hoje e você receberá

- Engenharia de lucro (R$ 2.997)
- O grande livro de ideias de teste A/B (R$ 57)
- Assinatura de teste de 1 ano do Software Testly (R$ 1297)
- Segredos do sucesso (R$ 67)
- Masterclass de hack de tráfego de 21 dias (R$ 197)
- VALOR TOTAL: R$ 4615

Slide 55 - Se / Todas as Declarações

Fale: "Obviamente, não vou cobrar R$ 4.616, mas se eu cobrasse isso e tudo o que fizesse fosse X, valeria a pena para você?"

Então, se aprofunde ainda mais da seguinte forma:

"Se tudo que esse sistema fizesse fosse X" - isso deveria estar relacionado ao seu primeiro segredo - "valeria R$ 4.616 para você?"

Pare e esperar por uma resposta sim.

"E se tudo o que fizesse fosse Y - relacione isso ao seu segundo segredo - valeria R$ 4.616 para você?"

Pare novamente e espere por uma resposta sim.

E se tudo o que fizesse fosse Z - relacionar isso ao seu terceiro segredo - valeria R$ 4.616 para você? "

Espere pela resposta sim final.

Slide 56 - Eu Tive Duas Opções

Mostre que você teve duas opções. Poderia ter tornado seu produto mais barato e tentado vender o maior número possível, mas não conseguiria oferecer-lhes tanto valor. Em vez disso, optou pela segunda opção e, embora exija um investimento inicial maior, pode dedicar mais tempo e energia ao sucesso deles.

O objetivo deste slide é prepará-los para o preço. Alcançamos ele fazendo com que concordem que deve cobrar mais para tornar o programa melhor.

Slide 57 - Qual seria o resultado?

Então, obviamente, há um certo resultado que as pessoas esperam com seu produto. O que é? É aqui que seu cliente em potencial tem que imaginar como seria para ele se alcançasse e se valeria para ele.

Fale algo como: "Se você tivesse um negócio on-line de sucesso que rendesse dinheiro, quanto isso valeria?"

"Quanto você pagaria para ter um negócio de sucesso na Internet?"

Cada vez que faz uma pergunta como esta, deve parar e dar aos seus clientes em potencial um momento para realmente pensarem na resposta. Assim que o fizerem, diga algo como: "Você pode ver porque as pessoas pagam X por um resultado semelhante meu - porque não é um custo, é um INVESTIMENTO."

Slide 58 - Queda de preço

Vamos retornar ao valor total do pacote que está oferecendo e dizer algo como:

"Você já sabe que este pacote vale R$4.616. E mesmo com R$1.997, que é o que cobro do público, ainda é um ótimo negócio. Mas, porque você participou do meu webinar hoje, vou te apresentar oferta muito especial... "

Slide 59 - Revelação de Preço

Finalmente, você está pronto para dar o preço. Revele-o agora o seu botão de chamada a ação. A propósito, a partir desse slide, todos os próximos terão o mesmo link do botão de compra.

Slide 60 - Justificativa de preço

Mesmo aquecendo seus clientes em potencial, ainda pode haver algumas pessoas surpresas com o preço. É por isso que deve justificá-lo aqui. Para isso comparando-o a outra coisa - por exemplo:

"Se você tivesse que começar seu próprio negócio na Internet sem as dicas, truques e lições que compartilho em meu curso, o dinheiro que desperdiçaria em más decisões - que todo novo empreendedor de primeira viagem toma no início - custaria muito mais do que este curso".

Ou então:

"Sabe, o público paga uma quantia X em reais por esta mesma solução que estou te oferecendo. Esse negócio é realmente incrível. Porque participou do meu webinar e provou que está realmente interessado em chegar ao próximo nível, você está pagando X% a menos que outras pessoas que já compraram anteriormente".

Slide 61 - Duas opções

A primeira escolha deles é não fazer nada e vivenciar a miséria pelo resto de suas vidas ou optar por dar um salto de fé, testar e ver se funciona.

Slide 62 - Garantia

A garantia elimina o risco! O cliente em potencial tem que saber que, se não funcionar para eles, não é um grande problema, pois eles tem 7 dias para experimentar ou pedir o dinheiro de volta. Se por algum motivo eles não gostarem, você reembolsará cada centavo sem fazer perguntas.

Slide 63 - A verdadeira questão é esta...

Então, aqui vamos minimizar o risco e dar-lhes o que, esperançosamente, será uma pergunta bem simples de responder. Algo como: "A verdadeira questão é esta - não vale a pena alguns minutos do seu tempo? Se meu produto fizer metade do que eu disse que ele faz, ele se pagará quando você fizer o seu primeiro negócio".

Slide 64 - Slide de Pilha

Mostre mais uma vez o slide de pilha e passe cada elemento um a um, lembrando-os do negócio incrível que estão prestes a adquirir.

Slide 65 - Bônus de urgência / escassez

Se a venda não ocorrer logo após o seu webinar, a probabilidade de uma venda fechar nos dias subsequentes é remota. Então, para conseguir o maior número de vendas, faça uma oferta de urgência ou escassez.

Use este slide para oferecer algo especial para um determinado número de pessoas ou apenas por um tempo limitado ou ambos. Esta parte é super importante, então não a pule.

Slide 66 - Encerramento CTA / P&R

Se o webinar for ao vivo, fique mais um pouco e responder a perguntas. Se for pré-gravado, é a hora de responder às perguntas mais comuns que costuma receber sobre sua oferta.

Ao responder às perguntas, certifique-se de lidar com quaisquer crenças falsas e fazer uma chamada a ação após responder a cada uma delas.

Além disso, ao longo desse processo, exiba um slide com uma recapitulação de toda a sua oferta, um relógio de contagem regressiva de 30 minutos, o preço e um botão de compra.

Uau, isso era muito para cobrir, mas agora você sabe como escrever um webinar incrível que o ajudará a vender muito. E deixe-me dizer uma coisa - os conceitos que discutimos não se aplicam apenas a webinars.

As táticas psicológicas que apresentamos vão servir para aumentar as conversões em qualquer copy que escrever.

Como você já percebeu, Copywriting é muito mais do que apenas colocar palavras em uma página. Se trata de persuadir os clientes em potencial a comprar. E poucas pessoas no mundo tem essa habilidade.

8. COMO CRIAR EMAILS DE ALTA CONVERSÃO

Neste capítulo vamos cobrir as melhores práticas para criar e-mails de alta taxa de abertura e conversão, assim como abordar os três principais estilos de e-mail que utilizaremos em seu mix de marketing.

Melhores práticas

Nesta sessão, vou entrar em algumas práticas recomendadas de e-mail que devemos seguir como copywriters. Isso não só vai melhorar sua copywriting, mas também tornar seu texto mais persuasivo.

1. Conheça seu objetivo

Antes de escrever qualquer copy, determine o objetivo que deseja alcançar com ela. Embora isso possa parecer óbvio, ficaria surpreso com a quantidade de novos profissionais de marketing que adotam uma abordagem dispersa e tentam realizar uma série de objetivos diferentes em um mesmo e-mail.

No entanto, assim como falamos antes com a Regra do Um, devemos nos concentrar em apenas uma meta em por e-mail. Isso manterá seu texto conciso, legível e, o mais importante, eficaz.

2. Personalize

Quando os profissionais de marketing pensam em e-mails personalizados, eles tendem a pensar em usar o nome de alguém na abertura. Claro que você deve fazer isso, mas eu o encorajo a pensar nisso como apenas um começo.

Seus e-mails serão muito mais eficazes ao personalizá-los com base na segmentação de audiência. Por exemplo, não escreveríamos o mesmo e-mail para um adolescente e para um cidadão na melhor idade.

Públicos diferentes requerem abordagens diferentes. Existem muitas maneiras de segmentar seu público, incluindo idade, personalidade, cargo, região geográfica, gênero e até por comportamentos, como compraram um item específico ou abandonar um carrinho de compras.

3. Escreva um título matador

É uma realidade decepcionante, mas com as taxas de abertura de e-mail oscilando em torno de 20 a 30%, os e-mails que nos esforçamos tanto para escrever não serão lidos pela maioria dos nossos assinantes. No entanto, podemos aumentar a probabilidade de leitura ao escrever uma linha de assunto excelente.

Aqui vão algumas dicas para fazer isso:

- **Seja sucinto** - a maioria dos e-mails é aberta em smartphones atualmente, então, para evitar que parte do seu título fique oculto, ou truncado, use cerca de 50 caracteres ou menos.
- **Seja claro** - Sim, claro, você deseja que seu assunto seja cativante, mas esse deve ser seu objetivo secundário. O primeiro deve ser clareza.
- **Apelo à Curiosidade** - Ao escrever um loop aberto ou sugerir um segredo, seus clientes em potencial têm mais probabilidade de abrir seu e-mail. Ao utilizar essa tática, certifique-se de que sua copy cumpra a promessa do assunto.
- **Use escassez e urgência** - considere esses dois seus melhores amigos - ofertas por tempo limitado e disponibilidade limitada são uma ótima maneira de interessar seus clientes em potencial.
- **Seja interessante** - Existem muitas maneiras de fazer isso - você pode referir-se a um assunto polêmico ou atual no momento ou pode mencionar uma história

interessante que compartilhará no corpo do e-mail. Certifique-se de que a linha de assunto seja relevante para a copy do e-mail.

Não use o nome de uma celebridade na linha de assunto se, em seguida, não for relacioná-lo de alguma forma com o resto de sua copy. Essa armadilha infame, conhecida como *click bait* ou "armadilha de clique" fará com que seu leitor se irrite e cancele a inscrição.

4. Não se esqueça do texto de visualização

O texto de visualização é o texto que seus clientes em potencial veem ao lado da linha de assunto antes de abrirem o e-mail.

Quando ele não é definido, o cliente de e-mail (ex: Gmail) irá puxar um fragmento inicial do texto do corpo do seu e-mail. Não perca esta oportunidade de se envolver com seu cliente potencial, reserve algum tempo para personalizar seu texto de visualização e fortalecer a sua mensagem de vendas.

5. Seja confiável

Devemos ser uma fonte confiável de informações úteis e relevantes. Para fazer isso, imagine como você conversaria com um amigo - esse é o mesmo tom que deve usar com seus leitores. Use uma linguagem coloquial, em vez de ser formal.

Sempre envie seus e-mails com o seu nome e nunca com a sua função. Queremos desenvolver uma conexão pessoal com nossa lista de e-mail e isso não ocorre quando enviamos e-mails impessoais.

6. Escreva na 2ª pessoa

Escrever na 2ª pessoa significa usar "você" e "sua" na maioria das vezes. Embora às vezes isso não seja possível - por exemplo, se estiver contando uma história pessoal para seus assinantes - esse estilo demonstra que estamos concentrados neles e em seus desejos.

7. Mantenha os parágrafos curtos

A maioria das pessoas não lerá parágrafos longos, mesmo que sejam bem escritos. Quase sempre coloco uma quebra de parágrafo após cada frase quando escrevo uma copy do e-mail, porque sei que as pessoas são mais propensas a ler todo o corpo do meu e-mail quando ele está dividido assim.

8. Mantenha seu e-mail do tamanho certo

Seu e-mail nunca deve ser mais longo do que o necessário para transmitir sua mensagem. A maioria dos profissionais de marketing recomenda manter os e-mails curtos. Eu concordo com isso, embora às vezes seja apropriado usar um e-mail mais longo.

Utilize e-mails mais longos para tickets maiores. Podem ser programas completos, aulas contínuas, software, produtos de comércio eletrônico ou serviços com preços mais elevados.

São produtos que seu assinante precisará investir uma boa quantia de dinheiro de uma só vez ou se comprometer a longo prazo com o pagamento de assinaturas.

Geralmente é uma boa ideia descrever os recursos e benefícios, explicar o produto em detalhes e, em seguida, endossá-lo vividamente.

Você não quer pedir a seus clientes que gastem uma quantia decente de dinheiro sem lhes dar muitas informações sobre o que estão comprando. Se não fornecer informações suficientes, na pior das hipóteses eles podem ficar ressentidos e, na melhor das hipóteses, simplesmente não comprarão o produto.

9. Use um CTA

Sim, até mesmo e-mails usam *Calls to Action* (CTA). Embora sirvam muitas vezes para levar as pessoas a realizar uma compra, as chamadas a ação também podem ser utilizadas para fazer as pessoas visitarem seu blog, visitarem seu perfil no Facebook, aprender mais sobre os serviços que oferece, preencher uma pesquisa, registrar-se em um webinar, ou assistir a um vídeo.

A propósito, é por isso que é importante saber o objetivo do seu e-mail antes de começar. Nunca use mais de um CTAs sob pena de confundir seus leitores e atenuar sua mensagem geral.

10. Não seja ganancioso

Embora possa ser tentador enviar e-mails diários pedindo aos clientes em potencial que comprem o que quer que esteja vendendo, essa não é a melhor maneira de desenvolver um relacionamento.

Seus clientes em potencial recebem centenas de e-mails em sua caixa de entrada diariamente e se eles começarem a associá-lo a nada mais do que cartas de vendas diárias, eles irão parar de abri-los ou cancelar a assinatura de uma vez.

Crie e-mails relevantes que agreguem valor à sua lista de assinantes. Embora deva promover ocasionalmente o que está vendendo, escreva conteúdos que agreguem valor como: boletins informativos, links de vídeos, downloads gratuitos e outros conteúdos que os manterão engajados.

Sua estratégia de e-mail marketing não deve se concentrar apenas em fazer uma venda rápida, mas em desenvolver um relacionamento contínuo.

As 3 categorias de e-mail

Na sessão anterior, mencionei que não devemos ser gananciosos e apenas enviar e-mails de venda. Por isso, vamos falar mais sobre esse tópico e discutir os três categorias de e-mails que devemos criar como copywriters:

- e-mails de conteúdo
- e-mails de relacionamento
- e-mails promocionais

E-mails de conteúdo

O primeiro e-mail relacionado ao conteúdo que devemos criar são os e-mails informativos.

Com esse formato, todo o conteúdo está inserido no próprio e-mail. Não estamos promovendo nada diretamente aqui.

Em vez disso, o objetivo principal deste e-mail é fazer com que os assinantes leiam o assunto do seu e-mail. Abram seu email. Leiam a primeira frase. Então a próxima, e a próxima... E, ao final do e-mail, sintam que aprenderam algo valioso com você.

O segundo estilo de conteúdo são os e-mails de postagem em blog. Ele tem dois propósitos.

O primeiro é que te ajudará a permanecer relevante na mente de seus clientes em potencial.

E o segundo é, ao criar um post de blog e enviar assinantes para esse post, o Google acabará por classificar o site em uma posição mais alta nos resultados de busca e enviando-lhe ainda mais tráfego.

Esse tipo de e-mail deve conter algumas informações super básicas sobre o que a postagem do blog irá discutir. O objetivo é abrir o apetite das pessoas e levá-las a clicar no blog.

Claro que devemos ter um artigo informativo e interessante esperando por eles em nosso blog. Como copywriter, nunca devemos enganar os assinantes. Estamos induzindo-os a ler sua nosso artigo, bem como a pré-enquadrar o conteúdo, para eles ficarem animados e prontos para aprender.

Finalmente, o último e-mail baseado em conteúdo que eu recomendaria enviar são e-mails com conteúdo de outras pessoas.

Agora, este é um pouco complicado e eu não recomendaria fazer isso com frequência, mas fortalecerá sua credibilidade com os assinantes.

O fato de estar disposto a enviá-los para outro lugar, diferente do site que está promovendo, demonstra altruísmo e preocupação com o bem-estar deles - isso gera confiança e aprofunda o relacionamento que eles têm com sua marca.

OK, agora estamos prontos para avançar para o segundo tipo, os e-mails de relacionamento.

E-mails de relacionamento

O objetivo do e-mail de relacionamento é, como o próprio nome sugere, construir um relacionamento mais forte e profundo com seus assinantes, porque quanto mais eles sabem, gostam e confiam em você, mais eles compram. É simples assim.

Existem vários estilos de e-mails de relacionamento que podemos enviar.

O primeiro e-mail de estilo relacional que podemos criar é um e-mail que direciona os assinantes a um vídeo seu ou da sua marca. Pode ser um tutorial, uma mensagem de boas-vindas, uma sessão de perguntas e respostas, etc.

O segundo e-mail de estilo relacional é o e-mail de mídia social. Use esse e-mail para direcionar o assinante para uma página ou grupo do Facebook, LinkedIn, Instagram, etc.

Isso te garante mais uma maneira de se conectar com seu cliente em potencial, porque, como tenho certeza que já ouviu que, quanto mais "contatos" tiver, mais seus clientes se lembrarão de sua marca, e maior será a probabilidade de comprem de você.

O terceiro e-mail relacional é o e-mail do tipo depoimento / prova social. Escreva ele em formato de história ou inclua depoimentos de clientes satisfeitos. Essa, a propósito, é uma ótima maneira de construir a confiança que os novos clientes têm no produto ou serviço que acabaram de comprar.

Também serve para persuadir clientes em potencial ainda em dúvida quanto a comprar o seu produto.

E-mails promocionais

O terceiro e último e-mail que deve escrever são os e-mails de vendas e promocionais. São eles que geram receita, aproveitando todo o trabalho árduo que dedicou à elaboração dos outros e-mails.

E-mails de conteúdo e relacionais, fortalecem tanto sua conexão com os assinantes que, quando enviamos e-mails promocionais, temos um resultado muito maior.

Existem dois comprimentos principais para este e-mail - curto e longo. Alterne entre os dois para manter os assinantes engajados.

Normalmente, uso e-mails promocionais curtos ao vender produtos com preços mais baixos ou dar algo de graça.

Com e-mails mais curtos, promova produtos que agregam muito valor e têm preços baixos, então eles não precisam de muito convencimento ou explicação.

O valor do produto será bastante óbvio, então tudo que precisa fazer é endossá-lo, descrever brevemente o que ele é, o que ele faz e estimular os assinantes o suficiente para que eles cliquem em seu CTA e acessem o link da promoção.

Portanto, tenha isso em mente ao escrever seus próprios e-mails. Não pense que um e-mail precisa ter um determinado comprimento só porque alguém lhe disse que "os melhores e-mails têm 500 palavras" independentemente do caso. O e-mail deve ter o comprimento necessário para cumprir com seu objetivo.

E-mails curtos são normalmente usados por empresas de comércio eletrônico para enviar ofertas especiais e descontos. Portanto, se estiver escrevendo uma copy para uma empresa de comércio eletrônico que vende produtos físicos, use e-mails promocionais curtos para enviar códigos de cupons de desconto especial.

Mas certifique-se de que são e-mails realmente especiais. Um e-mail com um desconto de 5% não é muito especial e provavelmente faria mais mal do que bem. Eu nunca enviaria menos de 25% de desconto em um e-mail promocional.

Além disso, não pense demais. Mantenha o e-mail curto. Explique o que é, por que está fazendo isso e como eles podem receber o negócio. Apenas se lembre de pensar sobre o quê, por quê e como em cada e-mail promocional curto que escreve, e estará mais próximo do sucesso.

O próximo e-mail promocional é o longo.

Esses e-mails devem ser reservados para os produtos maiores e mais caros que está promovendo, como programas completos, aulas contínuas, software, produtos de comércio eletrônico ou serviços com preços mais elevados.

Seus assinantes precisarão gastar uma boa soma em dinheiro de uma só vez ou podem ter que se comprometer com pagamentos de assinaturas, então geralmente é bom descrever os recursos e benefícios, explicar o produto em detalhes e descrevê-lo e endossá-lo vividamente.

Um bom framework de e-mail longo segue essas 5 etapas:

1. Escrever um assunto que é intrigante o suficiente para fazer alguém abrir o e-mail.

2. Começar o e-mail com três pontos importantes que afirma serem verdadeiros. Se os clientes em potencial acreditarem nesses três pontos, eles estarão mais propensos a comprar o produto que ele está promovendo.

3. Falar sobre o problema e dar a solução de uma forma muito descritiva, mas sucinta, sem desperdiçar palavras.

4. Incluir um pouco de escassez como, por exemplo: "Após esta promoção, o preço subirá para R$27 para R$97 / mês".

5. E, por último, incluir algum valor adicional para seus assinantes para incentivá-los a comprar o produto por meio dele.

Ao combinar todos esses elementos, tenho certeza de que vai criar um e-mail promocional longo de sucesso.

Lembre-se de que, ao elaborar seus e-mails, a variedade é fundamental. Isso é especialmente verdadeiro para e-mails de promocionais.

Evite ao máximo ser previsível. Varie os comprimentos. Adicione histórias a alguns. Não em outros. Use linhas de assunto chocantes às vezes. Outras vezes, use os mais tradicionais.

Nunca envie vários e-mails de vendas consecutivos. Sempre misture tudo. Alterne entre os três categorias de e-mail que aprendeu: conteúdo, relacionamento e promocional.

Mantenha os assinantes adivinhando - para eles ficarem sempre curiosos sobre as coisas boas que receberão em seguida.

9. COMO CRIAR ANÚNCIOS QUE VENDEM

No último capítulo, falamos sobre as diferentes mensagens que devem ser criadas para uma estratégia de marketing por e-mail. Neste capítulo, vamos falar sobre copy para anúncios do Facebook, Instagram e do Google.

Anúncios para Redes Sociais

O objetivo do seu anúncio é dizer ao cliente em potencial o que ele deve fazer e por quê.

Então, vou lhe dar algumas dicas sobre como cumprir seus objetivos com texto limitado e também vou mostrar alguns exemplos de bons anúncios em redes sociais.

1. Escreva para sua persona: a primeira coisa que quero mencionar aqui é que a maioria das plataformas de anúncios de redes sociais como o Facebook permite atinjir a um público altamente segmentado.

Isso é ótimo porque permite criar uma imagem realmente vívida da pessoa que estamos tentando persuadir.

Essa pessoa é para quem você deseja escrever, em vez de apenas criar uma copy genérica de um anúncio e espalhá-la pelo Facebook. Uma mensagem direcionada sempre terá mais sucesso do que uma abordagem de tamanho único. Então, eu recomendo criar campanhas específicas no Facebook para cada uma das personas que quiser alcançar.

2. Sua copy não é tão importante: estou meio que brincando aqui, mas o ponto principal que estou tentando fazer é que a imagem que você usa é muito mais importante do que a sua copy.

Um estudo realizado pela empresa Customer Acquisition, descobriu que 75-90% do desempenho do anúncio do Facebook é baseado na imagem usada no anúncio. Deve haver um casamento, por assim dizer, entre a imagem e a copy do anúncio.

3. Use um ótimo título. Aqui estão algumas fórmulas de títulos de que gosto muito para o Facebook:

1. Uso de nomes notórios: "Veja por que Bill Gates nos chamou de próxima Microsoft"

2. Doando algo: "1 kg de Bacon grátis pelo resto da vida"

3. Quer ou precisa / Baixe ou peça: "Quer saber como investir na bolsa sem ter muito capital? Baixe nosso kit investidor inicial hoje! " ou "Precisa perder peso rapidamente? Peça nosso plano de refeições com baixo teor de carboidratos hoje"

4. Realizando um concurso: "Ganhe férias no Taiti!"

5. Cansado de + pegue ou baixe: "Cansado de Noites sem Sono? Pegue o nosso travesseiro milagroso agora!"

6. Diga a eles que parem: "Pare de perder tempo no trânsito"

7. Faça uma oferta: "25% de desconto em 1000 trajes de banho!"

8. Como fazer: "Fique rico sem trabalho duro"

9. Divulgando a notícia: "Apresentando o novo cartão Chase Platinum"

A propósito, a AdEspresso[7] estudou 752.626 anúncios no Facebook e descobriu que as manchetes mais populares têm cinco palavras porque são muito concisas.

---

[7] https://adespresso.com/blog/we-analyzed-37259-facebook-ads-and-heres-what-we-learned/

Essa é uma boa diretriz, mas não é uma regra rígida e rápida. Às vezes, precisamos de mais algumas palavras para expressar a nossa ideia principal - tudo bem, desde que sua copy seja clara e focada.

Falando nisso, vamos passar para nossa próxima diretriz, "Use a Regra de Um".

Use a regra de um: O anúncio deve vender apenas uma ideia ou emoção. Lembre-se de que tentar ser tudo para todas as pessoas diminui as conversões.

- **Números e caracteres especiais**: números e caracteres especiais chamam a atenção. Se você tiver números reais que pode usar em seu anúncio - como uma porcentagem de desconto ou o número de usuários satisfeitos - certifique-se de incluí-los.

- **Use perguntas**: perguntas podem chamar a atenção das pessoas de duas maneiras. Mostrar que entende o problema do seu cliente em potencial e para atrair a curiosidade delas.

- **Inclua Prova Social**: Uma boa tática para construir credibilidade com seus clientes em potencial é através de depoimentos. Recomendo fazer isso quando eles estiverem no estágio de conhecimento do seu produto ou serviço em suas jornadas de consumo, o que significa que eles sabem que está vendendo algo que desejam, mas não têm certeza se é a opção certa para eles ou se eles podem confiar em você.

- Use depoimentos de clientes, estatísticas e cases de sucesso para assegurar aos seus clientes em potencial que você ou o seu produto são a opção óbvia para resolver o problema deles.

- **Escassez e urgência**: A última coisa que sugiro que faça com seus anúncios é usar a escassez e a urgência quando puder. Por exemplo, faça isso oferecendo uma oferta por tempo limitado ou disponível apenas para as primeiras 50 inscrições.

Google Ads e anúncios em redes de pesquisa

Agora que falamos sobre os anúncios em redes sociais, vamos passar para o Google Ads e todas as outras plataformas de pesquisa. Neles, o padrão é não termos a oportunidade de usar imagens, então o foco aqui está estritamente na sua copy.

No caso do Google, a copy é bastante limitada - São dois títulos que não podem ter mais de 30 caracteres cada - esses títulos são separados por um travessão - e além deles, você tem mais 80 caracteres para sua descrição. Essas limitações realmente o forçam a comunicar sua ideia principal de forma concisa.

Dito isso, agora vamos falar sobre o que ter em mente ao criar uma copy para o Google Ads:

Escreva um ótimo título. Infelizmente, a maioria das pessoas não perderá tempo com seu anúncio. O que eles farão é escanear rapidamente se ele oferece algum valor para eles e, em seguida, clicar ou olhar mais abaixo nos resultados da pesquisa.

Com isso em mente, tenha certeza de criar um bom título - essa será a parte mais importante do seu anúncio.

Então, vamos falar sobre 6 das melhores fórmulas de título que podemos utilizar para criar anúncios do Google:

1. **Palavra-chave + benefício**: este título é o mais simples possível, mas pode ser altamente eficaz. Um exemplo disso seria algo como: "Flores para o seu amor - entregamos no mesmo dia"

2. **Palavra-chave + Local + Proposta de valor**: excelente para usar se você fornece um serviço local. Quando as pessoas procuram um chaveiro, por exemplo, normalmente inserem algo como chaveiro e, em seguida, o bairro. Então, com esta fórmula, podemos escrever um título assim: "Chaveiro Carioca | ficou trancado fora de casa? Eu te ajudo".

3. **Faça uma pergunta**: uma pergunta pode realmente saltar e chamar a atenção dos clientes em potencial. Por exemplo: "Esqueceu do presente? | Entrega garantida em 1h"

4. **Números quebrados**: mencionei na seção do Facebook que os números podem tornar seu anúncio mais eficaz. Isso é especialmente verdadeiro quando os números não são arredondados - o número 5.659 é tão específico que parece mais legítimo do que 5.000. Aqui está um exemplo do que estou falando: "Fazemos seu imposto de renda - R$ 85.378 economizados com um único cliente".

5. **Palavra-chave + superar objeções**: também é possível inverter essa ordem. Digamos, por exemplo, que você está escrevendo uma copy para uma empresa de mudanças. A maior preocupação que os clientes em potencial podem ter é: "Minha mudança vai chegar intacta em minha nova casa?" Portanto, um bom título poderia ser: "Mudança 100%

garantida - se algo quebrar nós pagamos" ou: "Se quebrar nós pagamos! - Mudança 100% garantida"

6. **Faça uma oferta**: tudo bem, o último que vou discutir aqui é fazer uma oferta. Os profissionais de marketing usam muito essa última. Por exemplo: "Botas Timberland - Compre já. Melhores Botas da Timberland em até 10x Sem Juros e Troca Grátis! Pague em até 10x".

Agora vamos falar sobre outras variáveis a se considerar ao criar seus anúncios do Google.

1. **Evite anúncios genéricos**: quanto mais amplo o anúncio, menor costuma ser a sua eficácia. Por exemplo, digamos que alguém fez uma pesquisa no Google por Bota Timberland e encontrou estes dois anúncios:

Compre botas Timberland para homens

Nova coleção de botas aqui.

Compre já. Melhores Botas da Timberland em até 10x Sem Juros e Troca Grátis! Pague em até 10x..

e

Botas masculinas Timberland

Oferecemos milhares de marcas de botas.

Ofertas de botas masculinas.

Como pode ver, o anúncio específico é muito mais atraente do que segundo, mais genérico. Portanto, tenha isso em mente quando estiver escrevendo sua copy e mantenha seu foco.

2. **Use "Você" e "Seu"**: lembre-se de que seus clientes em potencial têm um desejo que estão tentando satisfazer. Em vez de manter o foco em você e sua marca, pense no que seus clientes desejam e como pode atender a essa necessidade. Em seguida, use "você" e "sua" em sua copy para se dirigir diretamente a eles.

Por exemplo: "Comece seu teste grátis agora" ou "Tudo o que você precisa para criar sua loja".

3. Considere o objetivo do seu público alvo: Antes mesmo de começar a escrever seu anúncio, pense sobre qual é o objetivo do seu cliente potencial. Por exemplo, digamos que você seja um massagista.

Embora o objetivo final de seus clientes seja relaxar ou aliviar suas dores, eles podem ter outros objetivos, como encontrar um que ofereça consultas à noite ou no fim de semana. Use o que sabe sobre os desejos de seus clientes em potencial para criar sua copy.

Por exemplo:

"Massagista no Rio de Janeiro - Atendo a noite e nos fins de semana".

4. O formato ideal: o último assunto que abordarei nesta seção é a copy que deve incluir em cada seção do seu anúncio. Já falamos sobre o que colocar no título, mas ainda não discutimos o que escrever nas linhas de descrição, então vamos entrar nisso agora.

Na primeira linha de descrição, sugiro escrever uma copy que descreva os benefícios de seu produto e serviço em mais detalhes ou então fale sobre sua proposta de valor exclusiva.

A segunda linha de descrição é onde sua frase de chamada a ação, seu CTA, deve estar. Mesmo sendo o Google Ads, nunca deixe o CTA de fora. Se desejar, também pode usar esta linha para descrever seus benefícios em mais detalhes, se houver espaço suficiente para isso.

10. VÍDEO, A ÚLTIMA FRONTEIRA

Agora estamos prontos para passar para a seção final deste livro, cartas de vendas de vídeo ou VSLs - *Video Sales Letters*.

VSL de 90 segundos

Vamos começar falando sobre VSLs de 90 segundos que são muito fáceis de escrever, desde que tenha a estrutura pronta. A maioria de seus VSLs vai ser mais longa do que isso, mas ocasionalmente, você pode ter um upsell para o qual deseja criar um VSL.

Um upsell é um produto complementar que se oferece a um cliente quando ele está finalizando a compra em seu site. Recomendo fazer um VSL curta somente nesses casos. Qualquer outro tipo de venda provavelmente vai necessitar de uma VSL mais longa.

Tudo bem, deixe-me começar examinando rapidamente um script VSL de 90 segundos que criei como exemplo. Eu tenho e-book que envio gratuitamente chamado de 5 estratégias que garantem sucesso online. Durante o processo de checkout, eu apresento um upsell da minha coleção de e-books chamada, Segredos Digitais:

"Ei, aqui é o Renato, e eu só queria parabenizá-lo por reivindicar sua copy gratuita do guia 5 estratégias que garantem sucesso online. Eu sei que as informações contidas nele vão ser imprescindíveis para alavancar o seu negócio com a ajuda do Marketing Digital.

Eu que essas informações, se implementadas, vão melhorar consideravelmente o faturamento do seu negócio. Sei também que, se você é como eu, vai querer ir além das estratégias que eu explico no guia.

É impossível cobrir um assunto tão vasto em um único relatório e pode ser frustrante saber quais os próximos passos com o mar de informações contraditórias que se encontra online.

Se você quer resultados exponenciais, dominar seu mercado e esmagar sua concorrência, vai precisar ter acesso a outras estratégias que eu não teria como cobrir em apenas um relatório.

Pensando nisso, criamos uma coleção chamada Segredos Digitais. São 5 guias estratégicos que cobrem os principais campos do marketing digital, e totalizam 200 páginas de conteúdo direto ao ponto. Nele você vai encontrar mais de 100 estratégias testadas em batalha e que funcionam até hoje tanto em meu negócio quanto nos meus clientes. Tenho certeza que a coleção Segredos Digitais, será o diferencial competitivo do seu negócio.

E porque você se interessou no guia 5 estratégias que garantem sucesso online vou fazer uma oferta que será válida durante os próximos minutos. Você vai levar 5 guias pelo preço de 1. Isso mesmo, você vai pagar apenas R$27,60 e economizar R$110,40!

E tem mais, se em até 7 dias você não gostar do que recebeu, basta enviar um e-mail pedindo seu reembolso que devolvemos seu dinheiro, sem perguntas e sem enrolação. Você ainda vai pode ficar com eles de graça, em agradecimento pelo seu tempo

O que você está esperando? Tudo que você precisa fazer agora para garantir a coleção Segredos Digitais com 80% de desconto nessa oportunidade única é clicar no botão abaixo. Você será redirecionado a página de pagamentos segura onde vai informar seus dados de pagamento e receberá por e-mail um link com suas copies assim que o pagamento for confirmado."

Então, vou explicar a estrutura desse VSL para você em um minuto, mas antes de fazer isso, quero apenas mencionar aqui que *upsells* curtos como esses funcionam melhor para itens baratos e fáceis de entender.

O script que acabei de mostrar é uma boa ilustração da estrutura básica do VSL de 8 partes que você pode usar:

1. Introdução

2. Relevância

3. Frustração

4. Solução

5. Benefícios

6. Oferta

7. Garantia

8. CTA

Agora vamos falar sobre cada uma dessas partes.

1. A introdução

Portanto, a primeira seção é a introdução. Na introdução, você vai dizer olá, se apresentar brevemente e dizer que eles vão adorar o que pediram. Muito simples, certo? Aqui está um exemplo do meu script VSL:

"Ei, aqui é o Renato, e eu só queria parabenizá-lo por reivindicar sua copy gratuita do guia 5 estratégias que garantem sucesso online. Eu sei que as informações contidas nele vão ser imprescindíveis para alavancar o seu negócio com a ajuda do Marketing Digital".

2. Relevância

A próxima coisa a fazer é estabelecer relevância, o que significa que qualquer upsell que fizer, deve ser para algo que acredita que seu cliente em potencial deseja. Seria ridículo, por exemplo, tentar vender um programa de dietas durante o processo de checkout do meu guia estratégico.

Parece óbvio, mas os profissionais de marketing fazem coisas assim o tempo todo. Portanto, este é o ponto no VSL em que falamos algo como: "Porque você vai adorar o X, sei que também vai adorar o Y", ou algum outro tipo de transição para o seu produto de upsell.

É assim que eu fiz:

"Eu sei que você vai gostar tanto dessas informações que resolvi te fazer uma surpresa. Criamos mais 5 guias complementares para as pessoas que, como eu, querem sempre alcançar um patamar superior."

A propósito, é importante não dar a entender aqui que eles não podem obter grandes resultados com o produto que estão adquirindo, a menos que também comprem seu produto de upsell. Isso frustra os clientes em potencial e os faz sentir que estão sendo enganados.

Seu produto de upsell deve ser algo para aqueles que querem ir além, não um produto essencial para obter ótimos resultados. Por exemplo, neste exemplo, uma pessoa ainda pode obter resultados incríveis com as 5 estratégias contidas no guia gratuito. A Coleção Segredos Digitais vai ajudá-la a obter resultados mais expressivos.

3. Frustração

Aborde os pontos problemáticos e frustrações que seu cliente em potencial experimentará ao tentar obter resultados sem o seu produto de venda adicional.

Embora as seções que acabamos de examinar devam ter apenas cerca de 1-2 slides cada, podemos usar de 5 a 6 slides aqui para realmente transmitir seu ponto de vista. Então, por exemplo:

"Eu que essas informações, se implementadas, vão melhorar consideravelmente o faturamento do seu negócio. Sei também que, se você é como eu, vai querer ir além das estratégias que eu explico no guia. É impossível cobrir um assunto tão vasto em um único relatório e pode ser frustrante saber quais os próximos passos com o mar de informações contraditórias que você encontra online.

Se você quer resultados exponenciais, dominar seu mercado e esmagar sua concorrência, vai precisar ter acesso a outras estratégias que eu não teria como cobrir em apenas um relatório."

4. Solução

Agora, você está pronto para apresentar sua solução. Isso é autoexplicativo - aqui está o que eu escrevi:

"Pensando nisso, criamos uma coleção chamada Segredos Digitais."

5. Benefícios

Nesta parte apresente os benefícios de sua solução. Como isso resolve os problemas dos seus clientes? De que forma isso tornará a vida deles melhor? Por exemplo:

"São 5 guias estratégicos que cobrem os principais campos do marketing digital, e totalizam 200 páginas de conteúdo direto ao ponto. Nele você vai encontrar mais de 100 estratégias testadas em batalha e que funcionam até hoje tanto em meu negócio quanto nos meus clientes. Tenho certeza que a coleção Segredos Digitais, será o diferencial competitivo do seu negócio."

Por ser um VSL supercurto, você não terá muito tempo para obter detalhes sobre os benefícios - razão pela qual VSLs curtos como este devem ser usados para itens baratos e fáceis de entender.

6. Oferta

Entregue a chamada "oferta de uma vida" aqui. Porque quer encorajar uma compra por impulso e quer que ela seja irresistível. Então, aqui está o que escrevi:

"E porque você se interessou no guia 5 estratégias que garantem sucesso online vou fazer uma oferta que será válida durante os próximos minutos. Você vai levar 5 guias pelo preço de 1. Isso mesmo, você vai pagar apenas R$27,60 e economizar R$110,40!"

Note que, em minha oferta, usei a urgência, dizendo que minha oferta estava disponível apenas pelos próximos minutos, para efeitos dramáticos, aconselho incluir um contador com contagem regressiva.

7. Garantia

Como já cobrimos anteriormente, é sempre importante reduzir o atrito e facilitar a venda ao máximo, para isso é imprescindível incluir uma garantia sólida.

No caso do exemplo utilizei:

"E tem mais, se em até 7 dias você não gostar do que recebeu, basta enviar um e-mail pedindo seu reembolso que devolvemos seu dinheiro, sem perguntas e sem enrolação. Você ainda vai pode ficar com eles de graça, em agradecimento pelo seu tempo."

8. CTA

OK, assim como com qualquer outra copy, sempre finalizamos com um CTA. Portanto, diga a eles o fazer e o que podem esperar. Por exemplo, é um produto digital ao qual eles terão acesso imediato? É um produto físico que será enviado com o pedido? Aqui está um exemplo:

"O que você está esperando? Tudo que você precisa fazer agora para garantir a coleção Segredos Digitais com 80% de desconto nessa oportunidade única é clicar no botão abaixo. Você será redirecionado a página de pagamentos segura onde vai informar seus dados de pagamento e receberá por e-mail um link para baixar as suas copies em PDF assim que o pagamento for confirmado"

E é isso! Essa é a estrutura básica de 8 partes para vendas curtas. Lembrando que os princípios de copywriting que discutimos ao longo deste livro continuam aplicáveis, então você se concentraria nos benefícios, usaria "você" e "seu" no texto, manteria o tom coloquial, etc.

Chegamos ao final dessa seção. Na próxima, vamos escrever uma VSLs de 5 minutos.

VSL de 5 minutos

Na sessão anterior, falamos sobre como criar uma VSLs de 90 segundos - o tipo que você escreveria para um upsell. Hoje, vamos falar sobre VSLs mais longos - aqueles que estão em torno da marca de 5 minutos.

Antes de entrar neles, você deve estar se perguntando qual é exatamente o comprimento certo para um VSL. A resposta é que não existem regras rígidas e rápidas. Você deve escrever o que for preciso para fazer a venda e nada mais. Descobrir exatamente como é a parte complicada. De qualquer forma, para manter as coisas interessantes, vou guiá-lo por uma estrutura VSL que você pode usar que atinge a marca de 5 minutos, mas desta vez, vamos utilizar como exemplo uma que eu criei para nosso Método Agenda Cheia.

A estrutura básica do VSL de 5 minutos é assim:

1. Chame a atenção dos clientes em potencial

2. Discuta e agite o problema

3. Apresente a solução

4. Estabeleça credibilidade

5. Ofereça provas

6. Descreva o que eles receberão e revele o preço

7. CTA urgente + garantia

Deixe-me explicar como é…

1. Chame a atenção dos clientes em potencial.

Você quer chacoalhar seus clientes em potencial, para ficarem intrigados para saber mais. A melhor maneira de fazer isso é com uma declaração chocante ou um loop aberto. Então, deixe-me dar um exemplo:

"Atenção: se você precisa de mais clientes para o seu negócio. Você gostaria de receber de 100 a 300 agendamentos hiper qualificados todos os meses, no piloto automático, sem precisar postar conteúdo, sem ter seguidores em redes sociais e sem fazer spam ou ligações frias por menos de R$7,00 cada? Em um minuto, direi como nós conseguimos isso, mas antes eu preciso te falar porque a forma antiga de conquistar clientes online não funciona mais."

Observe que, neste exemplo, eu realmente usei três maneiras diferentes de chamar a atenção dos clientes em potencial. Primeiro, usei a frase "Atenção: se você precisa de mais clientes para o seu negócio". Então, fiz uma declaração chocante, sugerindo que meus clientes em potencial poderiam conseguir de 100 a 300 agendamentos qualificados todos os meses. Finalmente, criei um loop aberto dizendo-lhes que revelaria tudo mais tarde.

OK, continuando...

2. Discuta e agite o problema

Neste ponto em sua VSL, você deseja declarar qual é o problema e por que é um problema. Não seja tímido aqui, porque uma vez que você o identificou, o objetivo é derramar sal na ferida... para discutir as frustrações que seus clientes em potencial estão experimentando para que quando você mencionar sua solução, eles estejam preparados para ela.

Por exemplo, aqui está o que escrevi para o nosso exemplo:

"Você já deve ter criado seu perfil no Instagram, contratou alguém para postar conteúdo semanal ou mensalmente, criou um site, fez até alguns anúncios, mas a grande verdade é que depois de todo esse esforço, você imaginava que teria muito mais retorno. Sua agenda deveria estar lotada de agendamentos, mas tudo que você conseguiu até agora foram alguns likes e algumas perguntas de curiosos no seu inbox.

Existe uma chance enorme da causa desse baixo desempenho não ser o seu serviço, nem o conteúdo que você posta. O problema muito provavelmente é a fórmula que te ensinaram simplesmente não funcionar mais.

Veja, em apenas 1 minuto, 147.000 fotos são compartilhadas, 54.000 links e 317.000 atualizações de status são feitos apenas no Facebook. No Instagram são compartilhados 95 milhões de postagens e 1 bilhão de horas de vídeos são assistidos em apenas um dia. Está cada vez mais difícil chamar a atenção das pessoas com conteúdo. A janela de atenção média de uma pessoa caiu de 8 segundos para 3 em apenas 5 anos!

A estratégia de criar conteúdo num blog ou nas redes sociais e esperar os clientes entrarem em contato simplesmente não funciona mais. Mesmo quando você utiliza anúncios para promover esses conteúdos, você continua nadando contra a corrente. Você desperdiça horas e recursos valiosos que poderiam ser investidos de forma mais inteligente, e é disso que iremos falar mais adiante.

Outra ilusão que está na moda é o 'engajamento', que prega que, quanto mais sua audiência engajar com seu conteúdo, mais vendas você vai ter. A verdade é que não existe um estudo conclusivo que relacione vendas com engajamento. A medição do engajamento é um indicador que as redes sociais utilizam para distribuir mais as postagens que fazem as pessoas ficarem mais tempo na plataforma.

Uma audiência consegue ser 'monetizada' em média em 2 anos de publicações diárias, uma média de 1460 postagens devem ser feitas nesse espaço de tempo para que você comece a ter resultados significativos. Isso requer um investimento financeiro e de tempo que poucas empresas tem disponível para investir para um retorno de prazo tão longo e incerto. Dependendo do seu nicho, você simplesmente não tem como gerar conteúdo suficiente para isso.

Todo esse investimento de tempo e dinheiro são feitos na esperança de gerar leads e num segundo momento transformar eles em clientes. Como o empresário não tem retorno nos primeiros 6 meses ou até mesmo depois de 1 ano, acaba desistindo e passa a acreditar que a internet não funciona para ele."

Eu poderia continuar cutucando essa ferida indefinidamente, mas acredito que você entendeu a ideia geral aqui, então vamos seguir em frente.

3. Apresente sua solução.

Esta parte é bastante autoexplicativa. Uma vez que você realmente atingiu e agitou os pontos fracos de seu cliente potencial, você está pronto para contar-lhes sobre sua solução. Então, posso dizer algo como:

"Se você já passou por isso, eu tenho boas notícias. Desenvolvemos um método que vai encurtar dramaticamente o tempo de retorno com as suas ações na internet e garantir o seu investimento. Nossa metodologia exclusiva, gera todos os meses para nós de 100 a 300 agendamentos hiper qualificados, no piloto automático, sem precisar postar conteúdo, sem seguidores em redes sociais e sem fazer spam ou ligações frias por menos de R$7,00 cada."

4. Estabeleça credibilidade

Neste ponto, você deve explicar porque seu cliente em potencial deve confiar em você. Por ser VSL curto, você não quer dar seu currículo. Em vez disso, apenas ofereça alguns pontos-chave sobre por que você é uma autoridade nesta área. Ou apresente dados que demonstram que a sua solução ou produto realmente funcionam.

5. Ofereça provas

É hora de oferecer provas - pense em três coisas que pode mostrar ao seu cliente em potencial para convencê-lo de que sua solução faz o que diz que fará. Por exemplo, ofereça depoimentos, exibir fotos de antes e depois, mencionar estudos, etc. Use a melhor prova de que tem para realmente vender seu produto a seus clientes em potencial.

6. Descreva o que eles receberão e revele o preço.

É aqui dizemos o que eles ganharão com sua oferta e quanto custará.

Então, por exemplo:

Com Método Agenda Cheia, você vai:

- Lotar seu calendário com agendamentos de altíssima qualidade que estão prontos para investir nos seus serviços.
- Vai parar de perseguir leads e vai começar a aconselhar clientes
- Vai parar de desperdiçar dinheiro com estratégias erradas de anúncios no Fecebook e no Instagram.
- Aprender as técnicas mais efetivas de persuasão e da metodologia *spin selling* para converter os seus agendamentos em clientes de alto ticket.

7. CTA urgente + garantia

Tudo pronto para passar para o seu CTA. Estou descrevendo como um CTA urgente, porque os clientes em potencial não se apressarão, a menos que lhes dê uma razão para isso. Infelizmente, se eles não comprarem seu produto enquanto estão assistindo ao VSL, as chances de voltarem a fazê-lo mais tarde são praticamente inexistentes.

Dê um motivo convincente e honesto pelo qual eles deveriam fazer uma compra agora. Oferecendo um desconto especial por tempo limitado ou talvez tenha apenas uma quantidade pequena em estoque ou esteja oferecendo um bônus especial que eles só podem obter agora ou algo assim. O ponto principal é que deve dizer-lhes o que precisam fazer e por que precisam fazer isso agora.

Exemplo:

"Se você quiser um fluxo contínuo e previsível de novos clientes para o seu negócio. Uma forma de escalar e finalmente alcançar seus objetivos financeiros essa oportunidade é para você. Clique no botão abaixo agora e garanta uma fonte constante de novos agendamentos altamente qualificados lotando seu calendário. Somente hoje você vai ter acesso ao workshop e todos os materiais de apoio por apenas R$97,00. Isso mesmo, por menos do que um jantar com a sua família você vai pode mudar o futuro do seu negócio e da sua vida.

E não se preocupe! Se você não gostar do que vou te ensinar, você tem 7 dias para pedir reembolso por e-mail e devolveremos seu dinheiro sem perguntas."

E é assim que se faz. De qualquer forma, não há regras rígidas e rápidas sobre o que incluir em seus VSLs e você encontrará muitas fórmulas de VSL diferentes na internet. Mas este é um que eu gosto para vídeos que não são muito longos. Roteiros curtos como este geralmente serão para produtos ou serviços mais baratos nos quais os clientes em potencial não têm muita resistência.

Na próxima sessão, veremos como estruturar um VSL mais longo. Quando você estiver pronto, te vejo lá.

VSL Longa

Agora que cobrimos VSLs mais curtos, estamos prontos para avançar para os mais longos.

Independente do tamanho, elas são ferramentas de vendas incríveis. Poucas estratégias conseguem chamar a atenção de alguém e mantê-la por um longo período - contanto que mantenha seus clientes em potencial envolvidos, terá muito tempo para persuadi-los a comprar.

Para ajudá-lo a criar um ótimo VSL, vou compartilhar minha fórmula comprovada de VSL. Esta é a fórmula que costumamos usar para nossos clientes na Xequemate® e conseguimos uma taxa média de conversão de 7%. Para você ter uma ideia, a taxa de conversão de vendas no mercado fica entre 1 e 2%.

Deixe-me mostrar a fórmula, vou entrar nos detalhes de cada etapa ao longo dessa sessão:

Minha fórmula comprovada de VSL longa:

1. Use um loop aberto

2. Diga para quem se destina

3. Diga a eles que o problema não é culpa deles

4. Apresente-se

5. Estabeleça credibilidade

6. Dê uma dica sobre o que vai revelar

7. Conte sua história

8. Ofereça uma prova de que a solução ajuda os outros

9. A Grande Revelação

10. Explique porque a grande revelação é importante para seus participantes

11. Apresente sua solução

12. Lide com objeções

13. Bônus # 1

14. Bônus # 2

15. Revelação de preço

16. Minimize o preço

17. Call-to-Action (CTA)

18. Testemunhos

19. Bônus # 3

20. Forte garantia

21. Resuma toda a sua oferta

22. Repita o seu CTA

23. Descreva o que acontece a seguir

24. Lembre-os de suas 2 escolhas

25. Repita o seu CTA

26. Adicione urgência ou escassez

27. Repita o seu CTA

Agora que já resolvemos isso, vamos começar com a primeira etapa.

1. Use um loop aberto.

Já discutimos os loops abertos antes, mas, novamente, eles são apenas *teasers*. Basicamente, sugira algo interessante que vai compartilhar com seus clientes em potencial no decorrer do vídeo.

Esta é uma tática consagrada pelo tempo e que os copywriteres gostam de usar, porque funciona muito bem. Se você conseguir chamar a atenção e mantê-la, enquanto sutilmente os persuade de que precisam do seu produto, está a meio caminho de uma conversão.

Quando o copywriter Victor Schwab compilou sua lista de 100 bons títulos[8], muitos deles usavam loops abertos e isso foi em 1941. Entre eles, ele incluiu títulos como:

"Um pequeno erro que custou a um fazendeiro $3.000 por ano"

"O segredo de fazer as pessoas gostarem de você"

"Porque algumas pessoas quase sempre ganham dinheiro no mercado de ações"

---

[8]   https://www.lindfieldlife.co.uk/lindfield-blog/100-good-advertising-headlines-victor-schwab

Como pode ver, todas essas manchetes criam intriga e fazem o cliente em potencial querer ficar por aqui para descobrir o que vai revelar.

Então, para criar um ciclo aberto, pense em algo que seja interessante o suficiente para o cliente em potencial a ponto dele a assistir toda a sua VSL para descobrir a resposta.

Dessa vez usarei como exemplo, a VSL que usei para o meu produto, Arsenal de Implementação Rápida. Que consiste em todos os templates e funis prontos necessários para implementar o que ensino no workshop Agenda Cheia de 30 dias para apenas uma semana! O arsenal também inclui 7 aulas onde explico passo a passo o que deve ser feito dos dias 1 ao 7.

Ele é oferecido imediatamente após a compra do Agenda Cheia, é uma oferta oferecida uma única vez, uma OTO - One Time Offer.

Mas continuando...

Como ele é vendido imediatamente após a compra do workshop Agenda Cheia, inicio a VSL agradecendo o cliente pela compra, vou parabenizá-lo e já aproveito para criar um pouco de intriga: "A decisão que você fez de investir no workshop Agenda Cheia é a segunda decisão mais importante na sua jornada de empreendedor..." Que serve para intensificar ainda mais o loop que vem em seguida: "E a decisão MAIS IMPORTANTE vai ser feita aqui, agora - nessa página que você está agora..."

Então, eu aumentei a aposta dizendo imediatamente após a compra, que essa é a segunda melhor decisão dele, isso com certeza vai deixa-lo desconcertado, repare que eu quebro o padrão, que seria apenas dar os parabéns e explicar como a vida dele será daqui em diante.

Como pode ver, os clientes em potencial têm um motivo convincente para ficar, porque qualquer pessoa que "tomou a segunda melhor decisão mais importante em sua jornada do consumidor" vai querer ao menos saber qual seria a primeira, concorda?

A propósito, a VSL original é um roteiro que dura mais de uma hora, então não inclui algumas coisas aqui por motivos didáticos. Mas é importante ressaltar que, antes de falar que é a "segunda melhor decisão" eu preparo bastante o terreno ao falar coisas como: "Você agora tem uma habilidade que menos de 1% dos empreendedores vai ter um dia", que vai transformar o negócio dele, que tudo que tem a fazer é implementar tudo que ensinamos e que estaremos ao lado dele se tiver dúvidas.

Tenha sempre muito cuidado para não diminuir o seu primeiro produto em detrimento da próxima venda.

OK, continuando...

2. Diga para quem é

Seus clientes em potencial devem entender que seu produto foi projetado para ajudá-los especificamente. Isso tem dois benefícios:

1. Está afastando as pessoas de seus produtos que obterão resultados ruins. Esse é o tipo de venda que você não quer fazer de qualquer maneira, porque não quer um monte de gente on-line dizendo que seu produto é ruim.

2. Está convencendo ainda mais seus clientes ideais de que pode ajudá-los. Quanto mais eles se veem na descrição que pinta, mais provavelmente vão querer ficar para ouvir o que tem a dizer.

Então, quando cheguei a esta seção, escrevi:

"Existe um espaço imenso entre aqueles que tem resultado e aqueles que não tem... a diferença não está no processo, nem na experiência, nem na falta ou disponibilidade de capital.

O que separa os 1% dos bem sucedidos para os 99% que fracassam é a capacidade de implementar as ideias que aprendem. Se você não colocar o conhecimento em prática, não vai conquistar seus objetivos. Nas palavras de Henry Ford: ideia sem execução é alucinação.

Porque saber o que fazer é metade da batalha. Só vence a guerra quem executa."

3. Diga a eles que não são os culpados

Como regra geral, não é uma boa ideia andar por aí culpando seus problemas por circunstâncias fora de seu controle. No entanto, não é assim que a maioria das pessoas pensa. Nessa parte vamos tirar a pressão deles e ajuda a aliviar um pouco a culpa e a insegurança que sentem. Isso vai ajudar a vender nosso produto.

Por exemplo. Se uma pessoa acredita que não faz parte dos 1% que executam, terá dificuldade em comprar a ideia de que o Arsenal de Implementação Imediata vai ajudar.

Mas se eles acreditam que não costumam implementar seus projetos por falta de tempo, ou se sentem sobrecarregados com a execução, posicionei meu produto como algo que pode ajudá-los a alcançar esse objetivo.

Então, em meu VSL, usei uma frase como: "Se você ainda não faz parte dos 1%, tudo bem, eu também já fui assim. Já perdi a conta dos cursos que eu comprei e de todas as ideias que nunca sairam do papel porque eu não tinha tempo para executá-las ou me sentia sobrecarregado só de pensar no trabalho que daria para colocar elas em prática."

OK, continuando, o próximo passo é se apresentar.

4. Apresente-se

Se apresente para a sua audiência. A propósito, não precisa ser você mesmo. Pode contratar alguém para ler seu roteiro ou, se estiver vendendo um produto para a saúde, por exemplo, pode encontrar um médico para endossar o produto e escrever o roteiro como se fosse ele ou ela quem estivesse falando.

O próximo passo é estabelecer credibilidade.

5. Estabeleça credibilidade

Por que alguém deveria te ouvir? O que o torna um especialista neste assunto? Não seja muito explícito aqui, mas certifique-se de fornecer informações suficientes para que seus clientes em potencial sintam que você é uma autoridade.

Por exemplo, "Sou nutricionista avançado certificado, palestrante, autor", etc.

Sua próxima etapa é dar uma dica sobre sua solução.

6. Dê uma dica sobre o que vai revelar

Não queira revelar sua solução ainda, mantenha as pessoas animadas com o que irão aprender.

Na minha VSL eu falo: "Hoje vou compartilhar a forma que eu encontrei que vai eliminar qualquer possibilidade de não implementar o que você vai aprender no Agenda Cheia. Algo que vai diminuir o tempo de implementação de 30 dias para 7 e vai assegurar que está no caminho correto."

7. Conte sua história

Agora que você os deixou intrigados, é hora de compartilhar sua história. Lembre-se fazer isso usando os princípios de narrativa sobre os quais falamos no capítulo Conceitos Básicos do Webinar, Parte 1. Então, vai falar um pouco aqui sobre sua formação, seus desejos, as lutas que enfrentou e a transformação que experimentou.

Em seguida, fale sobre como usando a solução que desenvolveu, conseguiu obter resultados maravilhosos em um curto espaço de tempo.

Na minha VSL escrevi dessa forma:

"Por mais que eu tenha uma formação sólida em Marketing e seja um leitor ávido que consome dois livros por semana em média, um dos meus maiores desafios sempre colocar minhas ideias em prática. Um dos maiores problemas que as pessoas que são introspectivas e estudiosas é sair do conforto do mundinho interno delas e enfrentar os desafios la fora, no mundo real.

Com muito custo eu consegui vencer esse obstáculo, mas logo descobri que a teoria, embora te ajude muito, é apenas uma bússola que te dá uma noção do caminho a trilhar, o obstáculo enorme mesmo, é a implementação.

São tantas variáveis e tantas tarefas a executar que você fica sobrecarregado e num estado de ansiedade extrema. Quando comecei a implementar as estratégias de captação de clientes para a Xequemate®, levei literalmente 1 ano estudando metodologias, scripts, tecnologias e conteúdos até eu conseguir chegar em uma fórmula confiável e previsível de aquisição de clientes.

Quando rodei os testes da minha última versão, que é a que ensino no workshop, consegui lotar minha agenda do mês, com leads altamente qualificados, em 3 dias de anúncio! A fórmula que uso até hoje para ter clientes entrando no piloto automático e de forma previsível. Tudo isso sem me preocupar em ter seguidores, ou ficar postando conteúdos nas redes sociais.

Quando passei a ensinar a metodologia no workshop Agenda cheia, me deparei com um problema...

Apenas 1 em cada 100 alunos realmente implementava o que aprendia no curso.

Quando comecei a acompanhar os primeiros alunos do workshop, eu imaginava que a maioria iria pegar as informações que eu expliquei, colocar em prática e logo em seguida começar a colher os resultados que eu estou acostumado a ter na minha agência.

No início eu pensei que fosse um problema isolado, que eu estivesse fazendo algo muito errado. Que talvez, minha metodologia não fosse boa o suficiente. Depois de muita pesquisa, descobri que esses 1% são a média do mercado! Apenas 1% de todas as pessoas que compram cursos ou livros realmente implementa o que é ensinado.

No caso do Agenda Cheia, fiz uma pesquisa e enviei para todos os alunos. O feedback da maioria deles foi praticamente igual: disseram que o conteúdo era realmente bom, porque podiam entender como todas as peças se encaixam e como tudo funciona. Mas a razão que os impedia de implementar tudo era a dificuldade técnica e tempo.

Realmente, tudo que eu ensino, embora seja explicado em detalhes no workshop, leva tempo para sair do papel e se tornar realidade.

Aprender as técnicas de copywriting leva tempo...

Criar copy leva tempo...

Colocar landing pages no ar levava tempo...

Escrever sequencias de email levava tempo...

Criar funis de agendamento leva tempo...

Isso para mim, foi um banho de água fria. Veja, eu vendo esse workshop a um valor mínimo, que cobre apenas o que eu gasto com divulgação. Meu objetivo com ele é conseguir depoimentos de cases de sucesso. É provar que a minha metodologia funciona em diversos setores, para conseguir clientes maiores, aqueles que pagam as contas da minha agência."

8. Ofereça uma prova de que a solução ajuda os outros

Mostre a prova de que seu produto funciona. No seu caso, seus resultados poderiam ser apenas sorte, então certifique que esse não é o caso.

Se não tenha provas reais na forma de estudos de caso ou estatísticas. Isso realmente não é motivo para se preocupar. Embora evidências concretas sejam sempre ótimas para construir seu caso, as histórias funcionam bem aqui e geralmente são mais interessantes. Por exemplo:

"Até mesmo o Carlos Eduardo, que trabalha como fotógrafo no Rio de Janeiro, e foi o único dos 100 que implementou a metodologia, me disse que levou 30 dias inteiros focado na execução. Mas que todo o esforço valera a pena, pois havia dobrado o número de casamentos no seu calendário para os próximos meses.

Decidi então entregar TUDO! Não deixei uma vírgula sequer fora. Peguei todos os meus segredos e entreguei para uma das alunas que não havia implementado a metodologia por falta de tempo e de conhecimento, a Dra. Flávia Reis, dentista em Goiânia. Ai uma coisa surpreendente aconteceu! Ela não só conseguiu colocar tudo em prática sozinha em 7 dias, mas triplicou o número de agendamentos por mês no seu consultório."

9. A grande revelação

É hora de fechar o loop que abriu no início da VSL. Esperançosamente, ao longo do caminho, você deu dicas sobre seu grande segredo para manter seus clientes em potencial intrigados até chegar a esta parte.

Na minha VSL eu falo: "Trinta dias era inaceitável! Se eu quisesse mais cases de sucesso com a minha metodologia, teria que diminuir esse tempo para 7 dias. E para isso acontecer, eu resolvi entregar TUDO! Todos os scripts, os e-mails, os funis, as copies e as artes dos anúncios. Tudo na forma de templates que fossem fáceis e rápidos de implementar. Criei até 7 vídeos novos, um para cada dia de implementação."

10. Explique porque a grande revelação é importante para seus participantes

Por que eles deveriam se importar? Como essas informações são relevantes para eles? Não espere que eles tirem a conclusão certa aqui. Aponte explicitamente porque essas informações são importantes para eles.

Portanto, nesta seção do meu VSL, eu explico que, por mais simples que sejam as ferramentas de marketing digital atualmente, que mesmo que gostem de design e entendam um pouco sobre programação, existe sempre uma diferença grande entre o trabalho amador e um executado por especialistas. Por mais que ele entenda ou estude sobre marketing, design e programação, nunca vai ter um resultado com a mesma qualidade. Sem considerar o tempo investido, que poderia ser aplicado no crescimento do negócio.

11. Apresente sua solução

Finalmente está pronto para contar aos seus clientes em potencial sobre sua oferta. Se fez um bom trabalho nas etapas anteriores a esta, eles ficarão realmente interessados em saber o que você está vendendo.

Então, nesta seção, eu explico o que eu criei, como vai ajudar meus clientes em potencial e digo-lhes o que podem esperar - neste caso, receberão todos os templates e funis prontos necessários para implementar o que ensino no workshop Agenda Cheia em apenas uma semana! O arsenal também inclui 7 aulas onde explico passo a passo o que deve ser feito dos dias 1 ao 7.

12. Lidar com objeções

Naturalmente, seus clientes em potencial começarão a pensar em todos os motivos pelos quais sua solução pode não funcionar para eles - ninguém quer ser enganado. Então, é aqui que você identificará todas as objeções de seus clientes em potencial e, em seguida, começará a combatê-las.

A principal objeção do meu produto, era a falta de capacidade técnica para colocar o produto no ar customizado para a necessidade do cliente. Explico que todos os templates inclusos são editáveis, e que de uma forma bem fácil eles podem alterar textos, imagens e vídeos sem precisar ter nenhum conhecimento técnico.

A segunda maior objeção seria que algumas das ferramentas tem custo. Explico que em todas elas, conseguimos versões de teste de no mínimo 30 dias, tempo suficiente para que os agendamentos começassem a acontecer e o lucro permitiria pagar pelas ferramentas ao final desses períodos.

Portanto, as principais objeções dos meus clientes em potencial foram abordadas de forma bastante completa.

13. Bônus nº 1

Passando para o seu primeiro bônus que serve para adoçar o negócio. Se você é um novo empreendedor, pode não estar entusiasmado com a ideia de oferecer bônus. Mas recomendo que faça isso de qualquer maneira.

Os bônus vão aumentar o valor da oferta aos olhos de seus clientes em potencial e há muitos outros diferentes que pode adicionar por serem muito baratos, como instruções, modelos, guias, arquivos de áudio, etc.

No Arsenal de Implementação Rápida, incluo 1 cupom de 100 dólares de anúncios no Google Ads.

É muito comum nesta seção exibir cada bônus e seu valor antes de passar para o próximo. No entanto, você pode deliberadamente não fazer isso quando os itens que você oferece como bônus são muito baratos.

Por exemplo, acho difícil convencer alguém que uma planilha de controle de projetos no Excel custe R$50,00. Portanto, use seu bom senso aqui. Se acha que torna sua oferta mais desejável listar o valor de seus bônus, então faça.

14. Bônus nº 2

OK, tecnicamente esta seção é opcional, mas se tiver outro bônus, agora é a hora de mencioná-lo. O que eu gosto de fazer é oferecer bônus que vão (1) aumentar o valor percebido de minha oferta e (2) convencer ainda mais o cliente em potencial de que, com meu sistema, eles conseguirão tudo de que precisam para atingir os resultados desejados.

No caso do Arsenal de Implementação Rápida, eu inclui um guia estratégico em PDF sobre como escrever anúncios de alta conversão. Embora o produto já venha com templates prontos, é uma forma que encontrei para que a pessoa possa fazer customizações mais eficientes do material que ela vai receber.

Como eu disse antes, ferramentas como essas superam as objeções do comprador, e é por isso que não achei necessário discutir este assunto em profundidade na seção de tratamento de objeções.

De qualquer forma, após revelar seu segundo bônus, estará finalmente pronto para entrar nos preços. Se o seu vídeo tiver mais de 20 minutos, é uma boa ideia fazer isso até a marca dos 22 minutos, para que seus clientes em potencial não percam a paciência.

15. Revelação de preço

Agora, antes de realmente revelar meu preço, fiz uma introdução para diminuir a resistência das pessoas. Comecei perguntando quanto eles imaginavam que iriam investir se tivessem que contratar um designer, um programador e um gestor de tráfego para ajudar colocar o Agenda Cheia para funcionar.

Então, eu disse que clientes anteriores me disseram que a resposta era cerca de R$ 5.000,00. Eu disse que eles podiam dar um grande suspiro de alívio porque eu não ia pedir a eles que pagassem nem perto disso. Eu não ia pedir metade disso ou mesmo 5% disso.

Como eu queria que meu sistema fosse acessível a todos, eu estava pedindo apenas um pagamento único de R$ 97,00, que é menos de 1% do valor que iriam investir.

Como você pode ver, ao apresentar o preço assim, fiz o custo parecer bem razoável. Então, fui ainda mais longe na próxima etapa, minimizando o preço ainda mais.

16. Minimize o preço

Lembrei-os de que a última ida ao restaurante pode ter custado mais de R$ 97,00 e o meu produto oferece muito mais do que uma refeição. Uma refeição em um restaurante é apreciada uma vez e logo esquecida.

Por outro lado, meu sistema lhes dará todos os templates e ferramentas necessários para colocar em prática em 7 dias uma estratégia que vai lotar a agenda deles de compromissos e que isso é uma pechincha.

17. Call-to-Action (CTA)

Agora diga algo como, "Para aproveitar as vantagens desta oferta especial, clique no botão laranja que diz, 'Eu quero o Arsenal de Implementação Rápida', abaixo deste vídeo agora."

Exceto que não foi o que eu disse, porque meu botão realmente diz, "Próxima etapa".

Deixe-me explicar. Cem por cento do tráfego para minha página vem da Rede de Display do Google. O tráfego que se recebe de lá não gosta de sentir que alguém está "empurrando uma venda" e o botão "próxima etapa" é menos ameaçador do que um CTA mais direto.

Normalmente, eu diria aos meus clientes em potencial exatamente o que desejo que eles façam aqui, e não faria rodeios. Mas, porque eu testei um monte de alternativas, eu sei que usando "próximo passo" funciona melhor.

Quase tudo que lê em copywriting dirá que é um CTA horrível, mas, neste caso, fiz de propósito. Você pode tirar duas lições a partir disso: (1) Sempre realize testes A/B em seus anúncios e páginas e (2) Às vezes obterá melhores resultados quebrando as regras comumente aceitas. Este é um daqueles casos.

18. Testemunhos

Agora que já dei o preço e o CTA, quero entrar imediatamente em meus depoimentos. Se meus clientes em potencial ainda não fizeram uma compra, mas ainda estão assistindo, eles estão em cima do muro e precisam de mais motivos para se convencerem.

Gosto de usar cerca de 3-4 depoimentos aqui, e geralmente começo dizendo: "Mas não acredite apenas na minha palavra sobre o quão grande é o Arsenal de Implementação Rápida. Veja o que a Dra. Márcia, do Rio de Janeiro, tem a dizer sobre isso... "

Depois de fazer alguns depoimentos como esse, revelo meu bônus final.

19. Bônus nº 3

Nesse caso, entreguei 1 e-book sobre CRO - Conversion Rate Optimization, que é um guia estratégico que explica como aplicar testes A/B e outras ferramentas para melhorar a conversão de anúncios e de landing pages.

Novamente, esses são arquivos digitais que não custam muito dinheiro para fazer e são fáceis de distribuir. Embora sejam realmente baratos, eles deixam os clientes em potencial mais animados com todo o pacote que estão recebendo.

Depois de descrever seu terceiro bônus, é hora de contar a seus clientes em potencial sobre sua garantia.

20. Sua melhor garantia

É hora de remover todos os riscos para os clientes em potencial, então a mentalidade é: "Você não tem nada a perder se tentar". Então, entregue a melhor garantia que você for capaz de dar. Eu gosto de oferecer 30 dias.

O código de defesa do consumidor garante ao menos 7 dias de arrependimento para qualquer compra na internet. Se por algum motivo alguém não gostar do meu produto, eu devolvo cada centavo de sua compra, sem perguntas.

21. Resuma toda a sua oferta

Passando para a próxima etapa, agora resumo toda a oferta. Esta é uma visão geral real de alto nível de tudo o que eles vão conseguir com a minha solução.

Então, normalmente, eu diria algo como: "Eu cobri muito aqui hoje, então deixe-me revisar rapidamente todas as coisas que você vai conseguir com o Aresenal de Implementação Rápida - você vai conseguir o próprio plano, avaliado em $ X. Você também receberá o bônus A, no valor de $ Y e o bônus B, no valor de $ Z, etc."

22. Repita seu CTA

Agora que acabou de resumir o valor incrível da sua oferta, repita o seu CTA.

23. Descreva o que acontece a seguir

Para minimizar a confusão e reduzir sua taxa de reembolso, certifique-se de especificar o que o cliente potencial pode esperar em seguida.

Portanto, diga algo como: "Depois de clicar no botão 'Próxima etapa', você será levado a uma página de pagamento segura. Basta inserir os dados do seu cartão de crédito e concluir seu pedido para obter acesso online imediato ao Sistema X e todos os bônus. Depois disso basta baixá-los e salvá-los em seu computador."

Agora é hora de colocar seus clientes em potencial em uma encruzilhada, lembrando-os de suas duas opções de escolha a seguir.

24. Lembre-os de suas 2 escolhas

Seus clientes em potencial devem saber o que os espera se não aceitarem sua oferta. Gosto de fazer isso apresentando-lhes duas opções.

"A meu ver, você tem duas escolhas. Pode seguir com o curso Agenda Cheia em 30 dias ter a sua estratégia pronta para rodar. Embora eu tenha certeza que meu método funciona, a maior causa de fracasso aqui é que uma grande parte das pessoas que compram, acabam não colocando em prática por falta de tempo.

Felizmente, há outra escolha. Você pode adquirir o Arsenal de Implementação Rápida. Não há absolutamente nenhum risco de fazer isso e vai reduzir seu trabalho de 30 para 7 dias, economizando tempo no desenvolvimento dos funis e anúncios que precisa. Em apenas uma semana, sua agenda já vai começar a lotar de clientes prontos para te contratar."

25. Repita o seu CTA

Após apresentar a seus clientes em potencial às duas opções, repita o CTA novamente.

26. Adicione urgência ou escassez

Já disse isso antes, mas acredito que vale a pena repetir - você só deseja adicionar urgência ou escassez se puder fazer isso honestamente.

Se disser ao seu cliente em potencial que ele não conseguirá um negócio melhor em seu site e ele for até lá e descobrir que você mentiu, sua credibilidade será afetada.

Então, se puder legitimamente adicionar escassez ou urgência, eu recomendo fortemente que faça isso porque aumentará as conversões.

Acabei de ler um blog recentemente sobre como alguém adicionou uma oferta especial a uma página de destino com um cronômetro de contagem regressiva de 20 minutos e aumentou as conversões em 332%. Embora fosse uma página de destino, essa tática ajudará com qualquer copy que fizer.

De qualquer forma, para adicionar escassez ou urgência, diga que tem apenas uma quantidade limitada em estoque, ofereça um desconto por um curto período, dê um bônus especial para as primeiras 50 pessoas que comprarem, etc.

27. Repita o seu CTA

Agora que fez o seu apelo urgente, quer repetir o seu CTA uma última vez. E é isso! É assim que se cria um VSL. Ao usar esta fórmula, seus VSLs terão uma conversão superior e serão muito mais fáceis de escrever.

11. BÔNUS1: COMO MELHORAR A SUA COPY

Agora que cobrimos os fundamentos do copywriting, as estruturas e formatos, vamos abordar algumas dicas para refinar o seu conhecimento e melhorar ainda mais as suas taxas de conversão.

Dicas para criar copies que vendem

Agora que conhece um pouco mais sobre copywriting e entendeu os 3 fundamentos que o norteiam, vou dar algumas dicas de como criar copies vendedoras.

1. Mantenha o FOCO no Leitor

Como já falamos anteriormente, ter um público específico é imprescindível para criar uma mensagem de marketing forte.

Por exemplo, uma empresa que vende software para os departamentos de vendas e marketing pode dizer ao seu público:

"Podemos tornar o seu processo de vendas e marketing mais eficiente."

Parece bom, mas não é tão atraente quanto:

"Se deseja melhorar a qualificação e o manuseio de leads, nossas ferramentas para segmentação de lista garantem que o seu conteúdo seja entregue aos lead mais qualificado. O roteamento automatizado de leads também significa que seus funcionários podem seguir todas as oportunidades de vendas segundos após a chegada de um novo lead."

Ao adicionar detalhes valiosos com base nos interesses de seu lead, criamos um argumento persuasivo que também constrói credibilidade.

Focar no seu lead, significa pesquisar gostos, desgostos, linguagem, medos, motivações, dores e muitos outros aspectos psicológicos que vão te ajudar a traçar um perfil do seu cliente ideal.

2. Chame a atenção da pessoa CERTA

Não faz sentido algum atrair pessoas para o seu negócio, a menos que elas queiram fazer negócios com você. Uma das formas mais importantes para isso é utilizar títulos para esse objetivo.

Como regra introdutória geral, eles devem:

Ser direcionados especificamente para o lead.

Compelir a pessoa a ler o restante da copy.

Por exemplo:

"Como controlar a diabetes sem medicamentos."

"Como aprendi inglês em 1 ano sem sair de casa e sem gastar uma fortuna em cursos."

Observe como esses exemplos estão falando para públicos específicos e também criam o desejo de continuar a leitura?

3. Não seja chato!

Aborde seus textos de uma forma criativa e interessante para que seu lead não fique entediado. Você muito provavelmente está interrompendo um momento de lazer dele com o seu anúncio, então tenha isso sempre em mente.

Você não precisa usar frases cativantes ou exageradas para ser interessante. **A copy chata é resultado da perda do foco do que é interessante para o seu cliente.**

Para evitar escrever textos chatos, pergunte-se regularmente:

- Ele responde a uma pergunta que atormenta meu lead?
- Descreve algo que ele deseja muito alcançar?
- Fala com empatia sobre um problema que ele enfrenta?

Seu cliente deve ser sempre é o foco, nunca você ou o seu serviço. Ninguem quer saber o quando você é bom, rico ou importante, eles querem saber o que pode fazer para melhorar algum aspecto da vida deles.

4. Seja explícito

Você sabe o que faz no seu negócio, certo? Sabe que os clientes recebem um serviço excelente, uma experiência de primeira classe e saem felizes? Isso é excelente, mas não caia na armadilha de presumir que seu lead sabe o que você sabe.

Imagine que alguém está procurando seu serviço e entra no seu site. O design é profissional, os depoimentos sobre o seu trabalho são fortes e o conteúdo demonstra expertise no assunto.

Mas ainda existem algumas questões.

Você não explicou se o seu atendimento é virtual ou presencial, se o seu serviço é sob medida, se você vai dar o treinamento de forma presencial ou online.

Quando o lead não encontra o que procura, acaba indo embora. Certifique-se de responder às perguntas ou, pelo menos, diga-lhes como podem encontrar as respostas.

5. Inclua provas

É seu trabalho garantir que os clientes acreditem, sem NENHUMA dúvida, no que está sendo prometido.

Existem outras maneiras de criar provas para o seu produto ou serviço, entre elas:

- Fotos de resultados, os famosos "antes e depois".
- Testemunhos de clientes satisfeitos.
- Estudos de caso de projetos anteriores.

- Estudos independentes mostrando os resultados do seu produto.

Esta é uma regra essencial. Se o seu cliente não acreditar na sua promessa, nenhuma frase ou técnica sofisticada o fará comprar.

6. Características, resultados e benefícios

Uma **característica** do seu produto ou serviço é algo que ele tem ou faz. Um **resultado** é algo causado diretamente pela característica (recurso). Um **benefício** é o motivo pelo qual seu cliente está interessado em comprar seu produto.

Um exemplo que ouvi muitas vezes é "não venda a broca, venda o buraco". Na verdade, não é um bom conselho. A sugestão da frase acima é que o "buraco" é o benefício.

Mas quem quer buracos nas paredes? O buraco é o resultado.

É um meio de alcançar os benefícios que podem ser:

- A capacidade de colocar prateleiras facilmente.
- Economizar dinheiro na contratação de um faz tudo.
- Sua esposa parar de te importunar até que instale as prateleiras.

Então…

A **característica** de uma furadeira é que ela consegue fazer furos.

O **resultado** é que pode fazer buracos nas paredes.

A **vantagem** é que você pode decorar sua casa com facilidade e menos aporrinhação, pois ela ferramenta facilita o processo.

Experimente com alguns dos recursos do seu negócio e veja se esses benefícios começam a fluir.

7. Supere objeções

Objeções são áreas de resistência, dúvida ou hesitação na hora de comprar a sua oferta. Quando não abordadas, diminuem a sua probabilidade de êxito.

Entender objeções é simples. Pense nelas como perguntas sem resposta. Após obter as perguntas, você pode começar a tecer as respostas em sua copy.

Por exemplo, um cliente está pensando em se inscrever em seu curso. Que perguntas eles podem ter que, se não forem respondidas, podem levá-los a desistir da compra?

Vai estar no nível certo para mim?

Vou receber instruções adequadas de alguém qualificado?

O investimento vale a pena?

Terei minhas dúvidas respondidas?

Vou receber materiais de estudo, para não ter que me preocupar em fazer anotações durante a aula?

Você pode ver como a maioria dessas questões não são realmente complicadas? O melhor de tudo é que são fáceis de responder! Um dos erros mais comuns é presumir que os leads saberão a resposta.

Não cometa esse erro! Faça um brainstorming de quantas objeções puder pensar e, em seguida, comece a respondê-las.

Pode ser tentador pensar que é melhor ignorar as dúvidas que as pessoas têm sobre comprar a sua oferta. Você pode se preocupar que, ao trazer essas dúvidas à tona, apenas irá chamar a atenção para elas. Isso é verdade, mas vai chamar a atenção de um jeito bom.

Antecipar e abordar objeções é uma das formas mais poderosas de aumentar a suas taxas de conversão.

É muito importante encontrar motivos as objeções de comprar e, em seguida, contestá-las. Quando escrevi o livro anterior a este, pensei em todas as objeções que poderia encontrar na venda.

Por exemplo, um dos motivos de não comprar mais um livro de negócios é que a maioria dos autores costuma estender uma teoria que caberia em 10 páginas em um livro de 300!

Para contrariar isso, fiz questão de enfatizar que a minha proposta era completamente diferente.

Veja como ficou o argumento:

"Antes de tudo, você não está comprando um livro de negócio convencional, onde o autor explica por 300 páginas um assunto que ele poderia ter explicado em 10. Assim como você, sou uma pessoa ocupada e detesto perder meu tempo.

REVOLUCIONE SEU NEGÓCIO é um LIVRO ESTRATÉGICO de 319 páginas direto ao ponto. Nele você vai encontrar a metodologia exclusiva testada em batalha e que funciona até hoje tanto em meu negócio quanto nos meus clientes.

É simples de ler. São 15 capítulos independentes entre si, cada um deles pode ser lido em uma tarde, e trazem estratégias que você pode implementar gradualmente no seu negócio."

Seu trabalho é descobrir porque seu cliente em potencial tem reservas sobre a compra e, então, demonstrar que seus medos são infundados. Fazer isso vai elevar as suas conversões.

8. Conecte-se emocionalmente

De acordo com Gerald Zaltman, professor da Harvard Business School, 95% de nossas decisões de compra são tomadas inconscientemente.[9]

O que isso significa é que seus clientes em potencial estão tomando decisões em um nível emocional, ao invés de lógico. É assim que funciona. Eles decidem que querem algo por motivos emocionais e em seguida, tentam justificar a compra com razões lógicas que a apoiem.

Então, para convencer alguém de comprar, é importante trabalhar para criar uma conexão emocional.

---

[9] https://hbswk.hbs.edu/item/the-subconscious-mind-of-the-consumer-and-how-to-reach-it

Faça o seu lead imaginar a transformação que a sua oferta trará na vida dele. Embora tanto uma Ferrari quanto um Fiat sejam marcas de automóveis italianos, a Ferrari apela muito mais para sensações emocionais - e por isso custa muito mais. Quando você compra uma Ferrari você está comprando status, emoção, exclusividade e sucesso.

Depois que o seu lado inconsciente decidiu, seu lado racional vai tentar justificar a compra da Ferrari como um investimento, vai focar na qualidade do acabamento e nas tecnologias embarcadas na engenharia do veículo.

Então concentre-se no que é importante para seu público e, em seguida, forneça todos os recursos racionais para que seu cliente possa justificar para si mesmo que a sua oferta é a escolha certa para ele.

9. Use uma chamada a ação

Para atingir seu objetivo, é preciso que o seu lead aja. Nunca presuma que seu ele saiba o que deve fazer a seguir.

Seja o mais específico possível e, sempre que puder, lembre-o dos benefícios de realizar essa ação. Por exemplo:

"Para ter o corpo forte e definido com apenas 15 minutos por dia, clique aqui para solicitar seu e-book gratuito sobre nosso método calistenia 15x…"

Cuidado para não desperdiçar todo o seu trabalho com uma chamada a ação fraca ou vaga.

10. Faça eles agirem AGORA

Nós costumamos adiar nossas decisões não é mesmo? É por isso que os prazos são tão importantes. Sem um deadline, seu lead pode postergar a compra para um momento mais oportuno que pode nunca chegar.

Para evitar isso, uma boa copy se concentra na urgência. Ela pode ser alcançada de várias maneiras.

Um desconto, um bônus para os primeiros clientes a adquirir, um limite de vagas e a eliminação de taxas de conveniência, são exemplos de como fazer com que o seu lead realize a sua chamada a ação.

11. Seja breve

É tentador escrever indefinidamente sobre as razões que levariam o cliente em potencial a comprar seu produto. No entanto, uma quantidade enorme de argumentos pode não ser eficiente.

De modo geral, quanto mais caro o produto ou serviço, mais argumentos serão necessários para superar as objeções do lead.

Seja conciso. Faça o seu argumento mais convincente e pare de escrever.

12. Nunca utilize palavras "fracas"

Não dilua a força da sua copy com sinônimos de incerteza como: "provavelmente", "poderia", "talvez", "esperar", "tentar", etc. Em vez disso, use palavras assertivas "pode" e "vai".

Muitas vezes essas palavras tendem a se infiltrar - especialmente em seu primeiro rascunho - e realmente reduzem a eficácia da sua copy. Então, revise tudo que escreveu com muito cuidado e se encontrar palavras fracas como essas, elimine-as.

13. Use uma linguagem acessível

A melhor copy é a mais fácil de entender. O WordStream analisou em 2017[10], 612 dos anúncios do Google de melhor desempenho usando a escala Fleish-Kincaid, que mede o quão fácil ou difícil é ler uma passagem de texto.

Eles descobriram que, em média, os anúncios de melhor desempenho foram escritos com nível de escolaridade fundamental. Para atingir esse nível, Perry Marshall, autor do livro Ultimate Guide to Google AdWords [11], sugere que:

---

[10] https://www.wordstream.com/blog/ws/2017/06/06/best-ads
[11] https://amzn.to/2SjEM5h

- Nunca use uma palavra de 4 sílabas quando ela puder ser substituída por uma de 2 sílabas
- Use frases simples que vão direto ao ponto
- Escreva parágrafos curtos e contundentes

Para ter certeza de que sua copy está no nível certo, faça uma pesquisa no Google por uma calculadora de legibilidade - existem várias disponíveis online gratuitamente que vão te dar o nível de classificação do seu texto.

13. Inclua palavras poderosas

Algumas palavras convertem melhor do que outras. Chamamos elas de palavras de poder, e sugiro que as inclua em seu texto sempre que puder. Existem listas online com mais de 100 palavras poderosas para usar como referência quando estiver redigindo.

Abaixo listo as 15 palavras mais poderosas identificadas em um estudo sobre o assunto, realizado pelo departamento de psicologia da Universidade de Yale:

1. Você

2. Resultados

3. Saúde

4. Garantia

5. Descubra

6. Amor

7. Comprovado

8. Segurança (ou seguro)

9. Salvar

10. Novo

11. Melhor

Ao usar palavras como essas, sua copy será mais atraente e persuasiva e, mais importante, converterá mais.

14. Não exagere

Todo negócio quer promover sua oferta usando palavras poderosas, títulos que chamam a atenção, histórias, analogias e afirmações incríveis. No entanto, fica difícil acreditar nessas alegações quando somos bombardeados por milhares de afirmações infladas como essas diariamente.

As pessoas estão cada vez mais céticas em relação à publicidade!

Então como contornar isso? Leia seu texto em voz alta e se pergunte: "Posso imaginar um vendedor de carros usados dizendo isso?" Se puder, encontre uma maneira de diminuir um pouco o tom.

Manter o equilíbrio é importante para que sua copy converta, mas tenha cuidado, caso contrário, uma dessas coisas podem acontecer:

1. Vai afastar os clientes porque ficarão céticos em relação às suas afirmações

Ou pior ainda...

2. Eles vão comprar, mas ficarão muito desapontados e farão críticas online sobre como sua oferta não foi exatamente o que eles imaginavam.

A única exceção que consigo pensar aqui são afirmações irônicas. Frank Kern, um dos gurus do marketing digital mundial se apresenta de forma hilária da seguinte forma: "Meu nome é Dr. Frank Kern, advogado, engenheiro-chefe da NASA, aposentado. Detentor do atual recorde do Guinness para os títulos mais falsos já usados em uma introdução."

Resumidamente, apenas tenha cuidado e não exagere nas suas afirmações.

15. Escreva na voz ativa

Escrever na voz passiva enfraquece a sua copy. Se você não se lembra do que é voz passiva, vamos fazer uma revisão rápida. A voz passiva é a voz verbal que indica que o sujeito da oração sofre ou recebe determinada ação, em vez de praticá-la.

Veja alguns exemplos:

- Nosso suplemento foi escolhido para receber o prêmio.
- 15 novos designs de produtos foram criados.

- Este sistema de emagrecimento foi considerado o melhor do mercado conforme a pesquisa.

Quando passamos os exemplos acima para a voz ativa, eles ficam mais interessantes e mais concisos. Observe:

- Nosso suplemento recebeu o prêmio.
- Criamos 15 novos designs de produtos.
- Nosso sistema de emagrecimento é o melhor do mercado conforme a pesquisa.

Então, quando estiver revisando sua copy, sempre busque oportunidades de fortalecê-la, substituindo quaisquer sentenças na voz passiva para a ativa.

16. Fique atento aos detalhes

Quantas vezes não ouvimos falar para NÃO nos preocuparmos com as pequenas coisas em nossas vidas, não é mesmo? Mas em copywriting é diferente. Mudar uma palavra ou duas pode ter um grande impacto em suas taxas de conversão.

Veja, por exemplo, um estudo feito pela Universidade Carnegie Mellon. Os pesquisadores descobriram que, ao alterar a frase "uma taxa de $5" para "uma pequena taxa de $5", eles conseguiram aumentar a conversão em 20% entre os participantes que eles classificaram como "sovinas".

Agora imagine se estivesse enviando muito tráfego para uma página de vendas e pudesse aumentar suas conversões em 20%? Seu faturamento iria ter uma tremenda diferença.

17. Abuse dos sentidos

Fornecer detalhes sensoriais descrevendo como algo cheira, tem gosto, aparência, sensação ou som.

Há uns dois anos, escrevi uma copy para um novo hambúrguer artesanal para um cliente meu de quase duas décadas, o Rota 66. Simplesmente descrever os ingredientes não fariam jus a obra de arte que eles haviam idealizado. Então escrevi:

"Esqueça o que você sabe até o momento sobre hamburgers. Agora imagine um pão brioche artesanal dourado na manteiga, cebola caramelizada, alface e tomates frescos e uma carne de quase 2 cm de altura de Black Angus. Antes mesmo da sua primeira mordida você vai sentir o perfume da carne misturado com notas intensas de uma fatia generosa de queijo gorgonzola. A cada mordida uma surpresa: uma carne suculenta, grelhada à perfeição, a crocância da alface, o frescor do tomate e a acidez da cebola juntos numa sinfonia de sabores e texturas.

Imaginou? Então venha experimentar o novo Rock Burguer, a nova obra-prima do Rota 66"

Não é difícil se imaginar degustando o sanduíche, não é? As sensações descritas pintam um quadro muito vívido que te faz sentir o gosto e faz sua boca salivar. Esse é o objetivo de uma boa copy.

Imagine se eu tivesse apenas escrito: "Hambúrguer delicioso feito com uma carne de 2 cm grelhada no carvão, cebola, alface, tomate, queijo gorgonzola e molho cremoso". Simplesmente não teria o mesmo impacto.

12. BÔNUS 2: 10 HACKS PODEROSOS DE PROGRAMAÇÃO NEUROLINGUÍSTICA

Neste capítulo vamos abordar o lado científico do copywriting. Afinal, se você consegue dominar a psicologia por trás da escrita, pode obter resultados extraordinários.

Muitos anúncios apelam para a lógica em suas ofertas. Mas a ciência descobriu que, quando as pessoas estão pensando em fazer uma compra, as partes emocionais de seu cérebro se iluminam.

Isso significa que, primeiro, as pessoas sentem desejo em comprar e depois procuram razões lógicas para justificar a compra.

Para realizar uma venda, é preciso primeiro influenciar emocionalmente seu prospect e, em seguida, convencê-lo com lógica. Fazemos isso criando uma resposta emocional em nosso lead e podemos fazer isso mais facilmente através da Programação Neurolinguística (PNL).

Essas técnicas são baseadas no uso de nossos desejos, necessidades, emoções e até mesmo sentidos naturais, para essencialmente gerar atenção e vendas.

É uma lógica simples: para ser um vendedor melhor, você precisa entender para quem está vendendo. Se você sabe quem são os seus clientes em potencial, o que os move e o que querem, fica muito mais fácil convencê-los.

Para realmente entender o que leva uma pessoa a comprar, é necessário entender a psicologia por trás desses desejos. Quanto mais você entender o que está por trás dos bastidores, melhores serão seus resultados.

Vamos agora, explorar as técnicas de PNL que aumentam as conversões e como aplicar isso em nossa copy para aumentar as conversões.

1. Faça interrupções estratégicas

Já viu um ilusionista se apresentar? Frequentemente, eles preparam o ambiente, dizendo a você o que farão.

Começam a colocar um lenço na mão fechada, empurrando até que não fique mais visível, e depois pedem para prestar atenção e esperar um pouco porque uma coisa incrível vai acontecer. Certo?

Bem, isso é uma interrupção. Uma interrupção estratégia, para ser exato. Observe, sua atenção não está mais no punho, está em seu rosto porque ele está falando. Ele está animado, dizendo para você se concentrar, mas ele está se movendo e falando, fazendo contato visual, então, naturalmente, seu foco se desvia.

Quando você volta a atenção para a mão dele, ele já preparou algo para fazer a "mágica" acontecer.

Essas interrupções, sejam elas um estalar os dedos, olhar para cima, dizer ao público para se concentrar, etc., são todas técnicas poderosas porque, **no minuto em que você quebra a concentração de alguém, consegue influenciar mais facilmente seus pensamentos ao seu favor**.

Oradores inteligentes usam essa técnica para despertar seu público daqueles momentos de transe, quando ficamos com um olhar vazio e deixamos nossa mente vagar.

Precisamos dessa centelha de comportamento dinâmico para manter a atenção das e influenciá-las a pensar que somos mais empolgantes, mais informados, mais divertidos, etc.

2. Use os sentidos

Nós os conhecemos bem. Visão, tato, audição, olfato e paladar. Nós os usamos o tempo todo em nossa vida diária. Nós os usamos para digitar, para saborear nossa comida, para cheirar as flores, para ver o céu, etc. É nossa maneira de processar o mundo.

Você deve enriquecer sua copy fazendo com que seu leitor acesse esses sentidos.

Em vez de escrever ou dizer "Somos especializados em cozinha italiana", escreva…

"Venha nos visitar e saboreie pratos e aromas autênticos da cozinha italiana."

Observe que, usei apenas duas palavras para te deixar com água na boca, simplesmente porque elas tocam seus sentidos. Isso é o que queremos. Chamar a atenção das pessoas, para quererem provar, tocar ou vestir o que quer que estejamos vendendo.

3. Chame a atenção e a redirecione

Queremos direcionar a atenção do leitor para algo que ele realmente precise resolver. Depois disso fica muito mais fácil direcioná-lo para onde desejarmos.

Por exemplo: "Você tem ideia de quanto paga a mais por verduras frescas no mercado? Veja como economizar recebendo toda semana produtos frescos, direto do produtor".

4. Entusiasme

Pense na última vez que foi a um show. A música tocando, a banda no palco e o cantor realizando sua performance enquanto o público canta com ele. Entre as músicas, conforme o palco é montado com novos adereços e coisas do gênero, os membros da banda estão interagindo com o público, conversando com eles, estimulando-os para a próxima música.

O concerto cria uma aura de positividade e de entusiasmo não é mesmo? Queremos fazer exatamente isso com o nosso lead.

É seu dever deixar seu lead entusiasmado com a sua oferta. Seja um curso, um e-book, uma nova linha de produtos ou qualquer outra coisa. Você tem que estar animado com o que está fazendo para deixá-lo em um estado mental favorável a compra.

Lembre-se de que comprar é emocional.

Use esse conhecimento a seu favor. Se as pessoas estão felizes, elas estão em um bom estado emocional, portanto, no estado de espírito perfeito para comprar.

5. Quebre padrões

Como o próprio nome sugere, o objetivo é interromper um resultado que uma situação normalmente produziria. Então, o que isso significa exatamente? Vou te dar um exemplo.

Acredito que você, assim como eu, tenha uma reação semelhante ao receber uma chamada que geralmente começa assim:

"Renato, bom dia! A XYZ tem uma oferta imperdível para você!" (Calafrios)

A reação em 99.99% dos casos é encerrar a ligação.

Dependendo do meu humor no momento eu simplesmente desligo - sim, isso é rŭde eu sei.

Esse é o padrão que uma ligação de um operador de telemarketing provavelmente vai produzir.

Mas imagine se o operador de telemarketing dissesse algo como: "Ei, Renato - é Marcelo Amaral, lembra de mim?"

Em vez de entrar imediatamente no modo de "Defesa contra o operador de telemarketing", pararia para pensar por um minuto - esse é o poder de uma interrupção de padrão.

Então, agora que eu lhe dei uma ideia do que são quebras de padrão, deve estar se perguntando como inseri-las em sua copy.

Um dos exemplos mais comuns são as palavras "AVISO!" ou "ATENÇÃO!". O que acontece, é que tantos copywriteres as utilizam que acabaram com a sua eficácia reduzida.

A melhor maneira de usar uma quebra de padrão é da forma conceitual - ou seja, inserimos uma nova ideia sem nenhuma relação com a anterior.

Ao usar uma quebra de padrão conceitual, certifique-se de que pode relacioná-la de alguma forma com o que está sendo oferecido.

"Um crocodilo pode ficar até um ano sem se alimentar...

... mas você não precisa passar fome para emagrecer com nosso exclusivo método de emagrecimento".

6. Comandos ocultos

O próximo "hack" de PNL se chama "comando oculto". É quando implantamos um pensamento no subconsciente de alguém. Normalmente, isso é feito verbalmente e o comando incorporado é enfatizado durante a fala.

Mas também pode ser feito na copy. Nos exemplos abaixo, os comandos ocultos foram marcados em negrito.

- Eu não diria para se decidir agora, porque **você já sabe que este é o melhor momento**.
- Eu não diria para acreditar em mim, porque **você certamente já sabe que estou falando a verdade**.
- Eu não diria para comprar agora, porque **nessas condições essa é a melhor decisão que você pode tomar**.
- Eu poderia dizer que nesse workshop você terá acesso as melhores estratégias para elevar a sua persuasão, mas, prefiro que **descubra por si mesmo**.

Uma última dica é usar texto em negrito como eu fiz acima, colocar as palavras em itálico ou dar um espaço antes e depois do comando para chamar a atenção para o comando oculto. Provavelmente, a coisa mais importante a se notar aqui é que ele deve fluir e se ajustar ao texto.

7. Palavras de Padrão de Consciência

Na PNL, palavras de padrão de consciência implantam sugestões subliminarmente. São palavras como: perceber, ver, observar, atentar, experimentar, compreender e descobrir.

Quando as pessoas leem uma dessas palavras, suas habilidades de pensamento crítico entram no piloto automático e elas simplesmente presumem que tudo o que a segue é verdade.

Então, novamente, a melhor maneira de destacar essa tática da PNL é com exemplos:

- Tenho certeza que **percebeu** como pode ser poderoso o uso de táticas de PNL em suas copies.
- Aposto que **observou** que, com essas estratégias, pode realmente melhorar suas habilidades de copywriting.
- Sei que, ao aplicar essas táticas, vai **descobrir** que suas taxas de conversão vão dobrar.

Essas são ótimas palavras para incorporar em seus copies.

8. Obtenha muitos "Sim!"

Seu objetivo com essa técnica é fazer com que os leads digam "sim" com frequência ao ler ou ouvir sua copy.

Faça isso através de perguntas fechadas, pois são uma forma fácil de fazer as pessoas dizerem sim.

Por exemplo:

- Não é legal?
- Estou certo?
- Não é emocionante? Tenho certeza que notou isso também?
- Isso faz sentido?
- Está entendendo?
- Quem quer uma copy gratuita do X?
- Pode imaginar se isso acontecesse com você?

O motivo desse "hack" ser tão eficaz é que está estabelecendo um padrão para fazer com que clientes em potencial digam "sim", antes de falar da sua oferta.

Então, após apresentá-la, eles ficarão mais propensos a dizer "sim" ao comprar.

9. Use fatos triplos.

Com um fato triplo, use duas afirmações verdadeiras e, em seguida, inclua uma afirmação que gostaria que seus clientes em potencial aceitem.

Para dar um exemplo de como funciona, aqui está um fato triplo que criei para um cliente meu de odontologia:

- Segundo estudo realizado pelo *Journal of Career Assessment*, pessoas sorridentes e felizes ganham mais dinheiro, são mais produtivas, eficientes e têm maior sucesso profissional. (VERDADEIRO)

- Em uma entrevista de emprego, pessoas sorridentes têm 58% mais chances de serem contratadas do que candidatos que mantém o semblante fechado. O segredo pode estar no fato de que pessoas que estão sempre sorrindo parecem mais confiáveis, de acordo com pesquisadores da Rice University. (VERDADEIRO)

- Já ficou impressionado ao perceber quase todas as celebridades têm dentes branquíssimos e perfeitamente alinhados? A maioria das que têm um sorriso perfeito já fizeram algum procedimento odontológico estético e o tratamento mais procurado é a colocação de facetas de porcelana. A Dra. Lia A é a maior especialista nesse procedimento em São José dos Campos. (DECLARAÇÃO QUE DESEJA QUE O LEITOR ACEITE)

Como pode ver, esta é apenas outra maneira de fazer seu cliente em potencial acreditar no que você está dizendo. Embora eu não tenha terminado cada afirmação com uma pergunta para obter uma resposta "sim", podemos imaginar os leitores assentindo em concordância uma pergunta após a outra.

10. Use quantificadores universais

Fazemos isso o tempo todo, talvez você não saiba que existe um termo para isso. Na PNL, os quantificadores universais referem-se a palavras globais como: **todos, todos, sempre, sempre e ninguém**.

Como copywriter, essas são ótimas palavras para usar. Isso porque eles são tão radicais que estimulam as emoções das pessoas.

Devemos usar essas palavras em 1 de 2 cenários - quando quiser agitar um problema ou quando quiser que seu cliente em potencial imagine um estado desejado.

Digamos que eu queira despertar emoções em meus clientes em potencial, lembrando-os de como seria bom ter uma agenda lotada de clientes todos os meses.

Poderia dizer:

"Você mobilhou seu escritório, contratou uma assistente, criou um site lindo, fez um monte de postagens no Instagram sobre os seus serviços, mas **todos** os dias, quando abre sua caixa postal, as únicas mensagens que recebe são de spam. **Ninguém** quer contratar seus serviços!"

Como pode ver, estou agitando um problema com quantificadores universais antes de falar da minha solução. Podemos fazer a mesma coisa quando quisermos que alguém imagine como seria sua vida após comprar nosso produto:

"Imagine agora outro cenário, você chega de manhã, senta na cadeira com seu café na mão e, ao abrir sua caixa postal, percebe que tem 50 agendamentos para aquela semana. Imagine que isso aconteça todas as semanas de agora em diante. Seus lucros explodiriam! **Todos** os seus problemas se resolveriam. Realizaria seus sonhos mais loucos, levaria sua família naquela viagem que **sempre** sonhou. **Ninguém** mais iria duvidar da sua capacidade de empreender."

13. BÔNUS 3: STORYTELLING, A ARTE DE CONTAR HISTÓRIAS QUE CONVERTEM

Pense em como é o final de uma longa semana de trabalho. Talvez seja sexta-feira à noite e você esteja sem fazer nada em casa, jogado no sofá, assistindo programas aleatórios na tv.

Uma boa taça de vinho, ou da sua bebida favorita. É bom aqui e é totalmente relaxante saber que não tem nada urgente para fazer amanhã.

É nesse momento que baixamos a guarda.

Quando não tem nada importante acontecendo, nenhuma distração, então você pode... imaginar como seria bom ter um liquidificador melhor que... triturasse gelo.

Como assim? Por que pensar em comprar algo que não precisa agora? Porque está à venda no comercial?

Sim! E você também está no seu estado mais vulnerável, essencialmente hipnotizado pelo relaxamento. Por que você acredita que os anúncios são veiculados entre os programas na TV e mais recentemente no YouTube?

Veja, as palavras estão por toda parte e muitas delas são convincentes. Tudo o que é necessário é o uso correto da linguagem no momento certo. Passe o mesmo comercial durante o horário de trabalho e veja as conversões caírem assustadoramente.

Mas altas horas da noite, quando as pessoas estão em casa e relaxando? Essa é certamente a hora que elas prestarão mais atenção.

Mas não é apenas em um discurso de vendas que as palavras são tão convincentes. Pense nas histórias que existem desde o início da espécie humana. Mitos, lendas, tudo foi criado com palavras, e tudo isso nos influencia de alguma forma.

As histórias de heróis nos ensinam que tudo é possível e que, com esforço, iremos superar as piores dificuldades.

As histórias de romance nos mostram como o amor pode ser complicado, mas também como é lindo quando encontramos nossa outra metade.

Os componentes de uma história estimulam nossa psique. As metáforas e a capacidade de identificação, nos influenciam em um nível subconsciente.

Ouvir uma boa história nos inspira, somos influenciados a pensar "Por que não consigo trilhar meu próprio caminho na vida? Não quero pautar minhas escolhas pelo que a sociedade diz que preciso fazer."

Mas veja, há uma enorme diferença aqui: se alguém, qualquer um, sentasse na sua frente e dissesse que pode abrir um terceiro caminho e que não deve se contentar com as alternativas que te deram, seu instinto entraria em ação e você provavelmente os ignoraria.

Por quê?

Porque alguém está dizendo o que se deve fazer. Quanto mais ousado e fora do convencional o conselho for, pior.

Mas ver é crer. E essas histórias nos mostram o resultado dessas escolhas ousadas o tempo todo. Embora sejam ficção, continuam a incutir em nós a esperança, a crença de que podemos mudar nossa sorte.

Através do Storytelling, podemos confeccionar histórias que, através de um enredo elaborado e narrativa envolvente, que nos permitirão instilar nossa ideia central na mente dos nossos clientes em potencial. Mesmo que indiretamente, é uma forma muito mais poderosa e eficiente do que simplesmente dizer-lhes essa ideia.

Os princípios do storytelling e como aplicá-lo na sua copy

A narrativa exerce um domínio forte, quase mágico, sobre a psique humana. As histórias conseguem nos entreter, tocar nossos corações e iluminar o mundo em que vivemos.

Aplique esses princípios ao criar histórias em sua copy:

1. histórias são mais que palavras

A melhor narrativa é visual e visceral, bem como verbal. Imagem e cor, símbolo e som, textura e aroma, todos contribuem para contar a história de sua marca em vários níveis sensoriais.

Sempre que a sua copy permitir, introduza narrativas que apelem para os sentidos.

2. O foco atravessa o ruído

Somos bombardeados com uma quantidade avassaladora de mensagens diariamente. Assim que estiver no radar deles, você tem apenas três segundos para transmitir seu ponto de vista.

Seja claro e conciso. Atenha-se a uma mensagem por vez para obter o máximo impacto.

3. Conquiste a lealdade

Todos nós queremos pertencer a algo maior que nós. Explore esse desejo universal de comunidade, convidando o lead a participar de uma história maior que ele, dando-lhe um senso de propósito e de identidade compartilhada.

Abrace a uma causa e convide o seu lead a participar dela.

4. A história é construída com base na emoção

Os sentimentos são o catalisador para a ação e a narrativa é o veículo perfeito para envolver as emoções das pessoas. Use seu poder para fazer com que o lead se preocupe com o problema.

5. Seja o coadjuvante

Sua oferta nunca é o personagem principal de sua história. Não roube os holofotes da verdadeira estrela: o cliente.

StoryBrand

Agora vamos falar sobre StoryBranding. Li sobre isso em um livro que recomendo chamado Storybrand: Crie Mensagens Claras e Atraia a Atenção dos Clientes Para sua Marca[12], de Donald Miller. Achei a metodologia que ele ensina tão valiosa que gostaria de compartilhar alguns dos principais conceitos com você.

O StoryBranding é uma técnica que serve para contar a história da sua marca. Ela servirá de guia para toda copy que criar, seja para o seu site, cartas de vendas, VSLs, webinars ou qualquer outra coisa. Tudo que for escrito deve apoiar a história da sua marca. Isso criará uma mensagem de marca coesa.

Da mesma forma que as personas do cliente podem ajudá-lo a criar apelos mais persuasivos, uma história de marca coesa dará uma estrutura importante que vai aprimorar todas as suas copies.

Vamos começar com uma frase simples que Miller usa para resumir a estrutura do StoryBrand:

"Um personagem tem um problema e encontra um guia que lhe dá um plano e o chama para uma ação que o ajuda a evitar o fracasso e termina em sucesso."

Então, vamos entrar na parte do personagem dessa frase.

1. O Personagem

"Um personagem tem um problema e encontra um guia que lhe dá um plano e o chama para uma ação que o ajuda a evitar o fracasso e termina com sucesso".

---

[12] https://amzn.to/2RMMTr2

O personagem é o herói da história. É alguém como seu cliente. Embora seja tentador identificar sua própria marca como o herói, não se deve fazer isso. Os clientes ficam desconectados quando centralizamos tudo ao redor da nossa marca. Em vez disso, seu cliente deve ser o foco principal da história e sua marca deve ser mais como um mentor que ajuda o cliente a alcançar o objetivo desejado.

Lembre-se que, em qualquer boa história, há conflito. Se escrevermos uma história onde o personagem principal tem uma vida feliz e despreocupada, não há para aonde ir a partir daí.

Imagine assistir a um filme onde nada aconteceu e todos tiveram uma vida feliz. Seria entediante. O mesmo se aplica a qualquer história que criemos para nossa marca.

No início da história, o personagem deve ser o azarão, há algo que ele quer muito, mas ainda não tem. Isso cria o que é chamado de lacuna na história e exige conclusão. Sua marca é o que vai fechar essa lacuna e ajudar o personagem a chegar onde ele quer.

É importante que o destino escolhido ajude seus clientes a prosperar - menos que isso e ninguém se importará. Os destinos que se enquadram nessa categoria incluem: **ser aceito, economizar tempo ou dinheiro, ganhar status, acumular recursos, encontrar o amor ou alcançar uma identidade aspiracional.** Basicamente, estamos falando sobre objetivos amplos e universais almejados por todos nós seres humanos.

É importante escolher apenas um destino, não vários. Seu objetivo aqui é criar uma lacuna de história e fechar essa lacuna. Muitas lacunas na história criam confusão e diluem a mensagem da marca.

2. O Problema

"Um personagem **tem um problema** e encontra um guia que lhe dá um plano e o chama para uma ação que o ajuda a evitar o fracasso."

Como disse antes, sem problemas, não há história, ninguém liga. O problema é o que faz as pessoas investirem no resultado.

É aqui que muitas empresas cometem o erro de focar apenas nos problemas externos. Deixe-me lhe dar um exemplo. Um dentista vende dentes bonitos e saudáveis.

Um problema externo que eles resolvem é alinhar os dentes com aparelhos. No entanto, ele não vende apenas isso - também ajuda a resolver o problema interno ao fazer com que eles se sintam mais atraentes através de sorrisos mais bonitos. Portanto, em um sentido mais amplo, ele resolve problemas relacionados à autoestima e autoconfiança.

Agora, se nós fossemos vender o serviço do dentista escrevendo uma copy de como ter dentes mais alinhados e harmoniosos - sem nunca mencionar coisas como ter um sorriso mais bonito, se sentir mais atraente e ter maior autoconfiança, não seriamos tão eficazes em converter seu público alvo em clientes.

Seus clientes enfrentam todos os tipos de problemas - internos, externos e até mesmo filosóficos. Seu objetivo como copywriter é idealmente abordar todos os três, em vez de se concentrar apenas em problemas externos.

Então, como traz esses problemas à tona? Miller diz que a melhor maneira para isso é através do vilão. Toda boa história tem um e seu produto é o que o herói vai usar para derrotá-lo.

Então, vamos falar sobre as características de um "bom" vilão:

1. **É real**: políticos corruptos, um corpo menos eficiente para queimar calorias, falsos gurus e germes são bons exemplos.

2. **É personificado**: seu vilão não precisa ser uma pessoa real, mas se não for, dê-lhe características humanas. É por isso que nos anúncios os germes e baratas são geralmente animados e têm personalidades desagradáveis. Isso os torna mais reais para o seu público.

3. **É a causa do problema**: é o que atrapalha a jornada do nosso herói.

4. **É identificável**: ele deve ser reconhecido como um vilão por todos. Seu antigo chefe pode ser um ser humano horrível. Mas mantenha-o fora da história de sua marca e escolha algo mais universalmente desprezado.

5. **É único**: o objetivo do storybranding é uma mensagem coesa e muitos vilões tornam a história confusa. Escolha apenas um para ser a causa do problema do seu herói.

Agora que falamos sobre as características de um bom vilão, vamos voltar sobre os diferentes problemas que mencionamos anteriormente - internos, externos e filosóficos.

Problemas externos são coisas como um pneu furado, formigas na cozinha e pele seca. Por isso mesmo são fáceis de identificar.

Os **problemas internos** são como os que falei anteriormente sobre o serviço do dentista - sentir-se menos atraente ou confiante.

Por fim, existem **problemas filosóficos** - aqueles que, quando resolvidos, trazem um profundo sentido de significado e pertencimento.

Quando uma marca abraça uma causa importante para nós, tendemos a adotar seus produtos. A Ypê, por exemplo, dedica parte da sua receita a uma série de projetos de preservação do meio ambiente[13]. Sempre que compro algum produto de limpeza, dou preferência a eles.

As melhores histórias de marcas abordam todos os 3 desses tipos de problemas - internos, externos e filosóficos.

Então, deixe-me dar um exemplo de como isso tudo se aplica em nossas vidas:

MÃE TERRA ALIMENTOS ORGÂNICOS

Vilão: comida processada e quimicamente carregada

Externo: preciso comer.

Interno: quero cuidar bem da minha saúde.

Filosófico: Devemos fazer mais para proteger o meio ambiente. Privilegiamos pequenos produtores que utilizam práticas agrícolas sustentáveis.

Outro bom exemplo pode ser Dove. Eles oferecem uma enorme linha de sabonetes, desodorantes e produtos para a pele. Quando a Dove conduziu uma pesquisa, descobriu que, infelizmente, 8 em cada 10 garotas estão infelizes com sua aparência.

Então, a principal história da marca agora é que a beleza vem em todas as formas e tamanhos. A beleza não deve ser uma fonte de ansiedade para as mulheres, deve dar-lhes

---

[13] https://www.ype.ind.br/category/projetos/meio-ambiente/

autoconfiança. Para promover isso, a Dove criou o Projeto Autoestima, que educa meninas sobre a importância de se sentirem bem consigo mesmas.

Agora vejamos como isso se encaixa na estrutura que estamos discutindo:

DOVE

Vilão: a mídia (que promove expectativas de beleza irreais)

Externo: preciso limpar meu rosto.

Interno: quero me sentir bem com minha aparência.

Filosófico: as mulheres deveriam ter uma auto-estima maior. Minha compra apoia a educação de auto-estima.

Agora que discutimos a parte problemática da história, deixe-me encerrar dizendo que não é para pirar aqui com muitos vilões e uma dúzia de problemas externos. Mantenha tudo o mais simples possível.

Vamos passar para a próxima parte da frase, a parte que diz "e encontra um guia".

3. O Guia

"Um personagem tem um problema e **encontra um guia** que lhe dá um plano e o chama para uma ação que o ajuda a evitar o fracasso e termina com sucesso."

Como tenho certeza de que pode adivinhar com base no que estamos discutindo, neste caso, sua marca é o guia que ajudará seu herói a chegar ao destino.

Novamente, sua marca não é o herói. Seu cliente deve ser sempre o herói, a sua marca deve ser o guia, oferecendo sabedoria e compreensão para ajudá-los a chegar ao destino desejado.

As pessoas têm a tendência de se colocar como heróis, principalmente em sites de serviço. Veja como meus serviços são fantásticos, olhe como meu currículo é impressionante! Eu isso, eu aquilo... Essa é a forma mais rápida do mundo de se tornar desinteressante para o cliente em potencial.

Somos pessoas egoístas por natureza, quando entramos em algum site, queremos resolver os nossos problemas. Quando entendemos isso e colocamos o cliente em primeiro plano, passamos a ser a pessoa que pode ajudá-las a concluir seus objetivos.

Para posicionar sua marca como um guia, exiba duas características principais - empatia e competência. Você conquista empatia quando entra na mente de seus clientes e descobre o que eles estão pensando e sentindo.

Para isso, escreva copies que reconheçam suas frustrações, usando linguagens como: "Nós entendemos, nós nos preocupamos", etc.

A segunda parte da equação é mostrar competência. Mas não seja presunçoso. Ninguém precisa de uma pessoa arrogante dizendo-lhes o que fazer. Uma das melhores formas de demonstrar competência é através dos depoimentos de outras pessoas.

Use depoimentos de clientes satisfeitos ou demonstre quanto dinheiro você economizou para seus clientes. Incluir prêmios e outros tipos de reconhecimento também funcionam bastante.

4. O Plano

"Um personagem tem um problema e encontra um guia **que lhe dá um plano** e o chama para uma ação que o ajuda a evitar o fracasso e termina com sucesso."

Quando comprar um produto ou serviço estamos, na verdade, buscando uma solução para um problema. Seja ele interno, externo ou filosófico como falamos anteriormente. Se apenas apresentarmos a solução, estamos deixando de exercer nosso papel de guia.

Todos nós possuímos inseguranças e medos que podem nos impedir de seguir em frente e resolver nossos problemas, independente de sabermos que existe uma solução à nossa frente. Nosso papel como guia é mostrar que já trilhamos esse caminho, e mostrar ao nosso herói que ele pode chegar onde ele quer.

Imagine se, ha quinze anos atrás, quando comecei a aprender a escalar montanhas, o instrutor simplesmente me desse um monte de equipamento, apontasse para o topo da montanha e falasse: "Pronto, pode começar a subir!" O que você acha que iria acontecer?

Ao invés disso, ele me explicou as técnicas básicas de escalada, me falou sobre equilíbrio, sobre segurança, sobre o que eu iria sentir da primeira vez e me deixou confiante. Ele me deu um plano para seguir.

Quando fornecemos um plano, ajudamos a remover as objeções de compra. As pessoas sempre têm receio de gastar dinheiro. E se não gostarem, ou se não funcionar, ou se for de má qualidade? Os planos os ajudam a superar medos e as deixam mais propensas a comprar.

Ao pensar em comprar um móvel pela internet, uma coisa que pode impedi-lo é o medo de gastar muito tempo para montar, de não ter as ferramentas necessárias ou, na pior das hipóteses não ter as habilidades necessárias para montar o móvel.

Nesse caso, um plano que mencione que todas as ferramentas necessárias são fornecidas na compra e, com apenas 4 passos fáceis qualquer pessoa consegue montá-lo em menos de 15 minutos.

Adicionar essa informação na página de vendas, definitivamente terá um impacto positivo em sua taxa de conversão.

É por isso que é uma ótima ideia pensar nas objeções que seus clientes podem ter sobre fazer negócios com você e, em seguida, rebater esses pontos e incluí-los em seu plano.

Continuando, vamos falar sobre a próxima parte da frase, "e o chama para a ação".

5. A Ação

"Um personagem tem um problema e encontra um guia que lhe dá um plano **e o chama para uma ação** que o ajuda a evitar o fracasso e termina com sucesso."

As pessoas tendem a adiar as coisas, a menos que tenham uma razão convincente para não fazê-lo. É a hora de motivar seu cliente em potencial a agir. Fazemos isso usando uma chamada a ação - *Call to Action*, em inglês ou CTA.

Um CTA pode ser um botão no final da sua *landing page* com os dizeres: "Compre agora" ou qualquer outro tipo de artifício que tenha a sua disposição. Vejo isso o tempo todo no Youtube ou no Instagram quando algum vídeo termina e a pessoa diz no final: "Se você quer saber mais, clique no botão abaixo desse vídeo".

Continuando…

6. Ajudar a evitar o fracasso

"Um personagem tem um problema e encontra um guia que lhe dá um plano e o chama para uma ação que o **ajuda a evitar o fracasso** e termina com sucesso.".

Os clientes precisam saber o que acontecerá se não comprarem sua oferta. O medo do que pode acontecer por não agir geralmente é um ótimo incentivador.

Mas não exagere nas previsões de desgraça. Isso pode desconectar sua audiência e enfraquecer sua mensagem. Você pode seguir os passos abaixo para introduzir o "fracasso" de forma bem sucedida em sua copy:

1. Diga a seus leitores qual é a ameaça: "As estatísticas mostram que 9 em cada 10 empresas falham miseravelmente no primeiro ano."

2. Conte algo específico que os protegerá de riscos: "Desenvolvemos um sistema à prova de falhas, que mostra exatamente como descobrir oportunidades online incríveis, aumentando exponencialmente suas chances de construir um negócio online de sucesso."

3. Diga a eles que, por estarem em risco, eles devem agir: "Um estilo de vida sedentário é associado ao risco aumentado de Diabetes, de doença cardiovascular e de morte. Ao entrar em nosso programa de treinamento, você evita esses riscos e tem uma vida mais longa e mais saudável."

O objetivo aqui é motivar seus clientes a evitar o resultado negativo que você descreveu. Mas não basta parar por aí. Pintar um quadro de como a vida deles será melhor se eles comprarem o seu produto ou serviço... o que nos leva ao item final na estrutura da StoryBranding, "termina com sucesso".

7. O sucesso

"Um personagem tem um problema e encontra um guia que lhe dá um plano e o chama para uma ação que o ajuda a evitar o fracasso e **termina com sucesso.**"

Não presuma que as pessoas saberão como suas vidas serão melhores com a sua solução - ofereça-lhes uma visão clara e específica dessa melhoria. Isso não apenas os motivará a agir, mas também encerrará o ciclo da história com chave de ouro.

Miller apresenta 3 maneiras diferentes apresentar o sucesso do herói:

1. Ganhando poder ou posição.

2. Experimentando algo que os torna completos.

3. Pela auto-realização que os torna inteiros.

Com o primeiro, ganhando poder ou posição, seu herói está conquistando status e respeito. Por exemplo, ele pode finalmente conquistar a liberdade financeira e ser reconhecido como um líder em sua empresa.

A segunda maneira de encerrar a história é fazer com que o herói experimente algo que o torne completo. Com isso, o herói pode passar por menos estresse, mais tempo com a família ou uma carga de trabalho mais leve.

Finalmente, a última maneira de encerrar a história é fazendo com que o herói atinja todo o seu potencial. Ou eles estão inspirados, ou experimentam uma maior autoaceitação, ou decidem causar um impacto maior no mundo.

Encerre a história de uma forma clara e simples. Não arrisque a perda de conexão com um final complexo.

Essas são as etapas do framework StoryBranding. Ao reservar um tempo para escrever a história da sua marca - e então usá-la para criar uma mensagem de marca coesa - suas copies se tornam muito mais eficazes.

CONCLUSÃO

Parabéns! Você chegou ao capítulo final deste livro. A esta altura, você deve estar se sentindo muito bem com sua capacidade de escrever textos que vendem.

Antes de encerrar, gostaria apenas de dar algumas dicas finais sobre copywriting. Então, sem nenhuma ordem específica, deixe-me compartilhar com você algumas das coisas que aprendi ao longo do caminho que realmente me ajudaram a melhorar como copywriter.

1. Confie na sua experiência

Porque conseguimos medir o sucesso de um anúncio, e-mail ou qualquer outra coisa, tendemos a saber o que funciona e o que não funciona quando se trata de copy. Isso levou a muitas "regras" de copywriting que foram passadas de um copywriter para outro.

Embora eu não esteja sugerindo que abandone essas regras, quero que saiba que a experiência é o melhor professor. Os mercados mudam, as perspectivas ficam mais sofisticadas e o que funciona bem hoje não funcionará necessariamente daqui a cinco anos.

Portanto, aprenda com seus sucessos e fracassos e continue a crescer como copywriter - não confie apenas nas regras. Com mais experiência, pode descobrir que uma regra de copywriting que aceitou como evangelho realmente não funciona bem para o seu produto.

É quando você vai querer prestar atenção ao que sua experiência lhe diz, ao invés do que ouviu de outras pessoas.

2. Teste tudo

Teste a sua copy. Se você é um aspirante a copywriter, isso pode não ser possível. Mas se possui seu próprio negócio e consegue executar testes A / B, eles são um investimento que se paga por si mesmo.

Depois de começar a fazer isso, perceberá rapidamente que algo aparentemente tão "pequeno" como uma mudança de uma palavra pode ter um grande impacto nas conversões. Mesmo uma mudança de 1-2% nas conversões pode levar a centenas - senão milhares - de reais em vendas adicionais.

Outro benefício do teste A/B é que ele o tornará um copywriter melhor. Quando conseguir ajustar sua copy e testar a versão A contra a versão B, por exemplo, vai começar a ter uma noção do que funciona e o que não funciona. Ter acesso a essas métricas o ajudará a aumentar suas habilidades de copywriting rapidamente.

3. A prática leva à perfeição

Quanto mais escreve, melhor fica. Pese em escrever como um músculo que fica mais forte quanto mais você o usa. Quando começa a escrever uma copy pela primeira vez, geralmente acaba se referindo muito às fórmulas e pensando demais em cada palavra que escreve. Isso é totalmente natural.

Mas depois de um tempo fazendo isso, realmente tem uma ideia do que funciona e do que não funciona. Você começa a desenvolver um ritmo, e a copy que costumava levar horas para ser escrita, flui muito mais rápido. Também descobrirá que se tornou tão bom em elaborar argumentos persuasivos, que não precisa utilizar tantas fórmulas como fazia no início.

Neste livro, ensinei tudo o que precisa saber para se tornar um copywriter de sucesso. Agora deve colocar essas habilidades em prática, para se tornarem hábitos. Isso é o que vai transformá-lo em um copywriter mestre.

4. Emocionar é fundamental

Você já contou uma história engraçada que foi recebida por um olhar vazio? Provavelmente já aconteceu com todos nós em um dado momento. Normalmente é o que nos leva a dizer: "Na hora pareceu mais engraçado, você tinha que estar lá".

Embora você possa ter contado a história com precisão, ela foi um fracasso porque não foi capaz de obter a resposta emocional que estava procurando. Isso é algo que deseja evitar em copywriting.

O objetivo de qualquer história que você conte como copywriter deve obter uma resposta emocional de seus clientes em potencial. Para fazer isso, primeiro, você precisa ser capaz de se colocar no lugar deles, para realmente entender o que eles estão passando. Então, precisa usar essas informações para pintar uma imagem clara e vívida de alguém com quem eles possam se relacionar.

5. Fale para um amigo

As pessoas que amamos geralmente são nossos maiores fãs e nossos críticos mais severos. Tire vantagem disso pedindo a alguém honesto para ouvir sua copy.

Por exemplo, se gravou uma VSL, peça a alguém que conhece para sentar ao seu lado e assistir junto. Você ficará MUITO mais constrangido e notará partes no VSL que são exageradas, secas, não têm impacto, são entediantes e assim por diante.

A mesma coisa vale para toda copy que escrever. Peça a alguém que leia sua copy em voz alta. Ouvir assim ajudará a identificar o que funciona e o que não funciona. Você também pode usar isso como uma oportunidade para pedir feedback honesto e fazer edições com base no que sua esposa - ou quem quer que seja - lhe disser.

6. Estude o que funciona

Embora eu tenha dito que pode haver momentos em que você deve descartar as regras de copy, primeiro deve conhecer quais são.

Para ter uma noção realmente boa do que funciona, estude a copy que está convertendo bem. De todas as coisas que fiz ao longo dos anos para melhorar como copywriter, isso foi o que mais me ajudou.

Eu visitava sites que ganhavam muito dinheiro e passava um tempo analisando o motivo por trás do quê eles faziam para isso. Basicamente, tentei entender por que eles estavam fazendo o que estavam fazendo.

Então, minha sugestão final é analisar o texto que está convertendo bem e descobrir o porquê disso - acho que isso o ajudará a dominar essa habilidade ainda mais rápido.

Tudo bem, essas são minhas dicas finais de copywriting. Antes de ir, gostaria de agradecer novamente por pegar este livro. Eu realmente gostei de ter a oportunidade de compartilhar com vocês tudo o que aprendi sobre copy ao longo dos anos.

E porque copy é tão importante para o sucesso dos meus próprios negócios, eu sei como essa habilidade mudará o jogo para você.